현대 일본어 기초 문법

현대 일본어 기초 문법

現代日本語基礎文法

정상철 외 12명
지음

HU:iNE

머리말

본서는 현대 일본어를 대상으로 한 기초적인 문법에 관한 입문서이다. 일본어 문법에 관한 입문서는 적당한 규모의 서점에서 어렵지 않게 볼 수 있다. 하지만 대부분의 입문서는 모어화자가 아닌 독자들을 대상으로 외국어로서의 일본어 습득을 위한 것으로, 주로 일본어 교육현장에서 많이 사용되고 있다. 반면 문법연구를 목적으로 학부생들뿐만 아니라 석사·박사과정생 등 연구자를 대상으로 한 입문서는 국내의 경우 상당히 부족한 상황이다. 그래서 타 언어 전공자로부터 일본어 문법서를 소개해달라는 부탁을 받을 때마다 상당히 난처하고 곤혹스럽다.

이러한 상황 속에서 일본어 문법 혹은 문법연구에 호기심이 많은 독자들에게 본서가 작은 도움이나마 되었으면 하는 마음에서, 필자들에게는 물론 너무 부족하고 아직 논의가 더 필요한 곳도 많아 전체적으로 미완성이지만 출간을 강행하기로 했다.

다음은 본서의 배경에 관한 것이다. 2012년 발행된 教育科学研究会·国語部会編『あたらしい　にっぽんご』(むぎ書房)라는 일본 초등학교 고학년생들을 대상으로 사용되는 책이 있다. 이 책은 초등학생뿐만 아니라 문법론적인 지식을 소유하지 않은 성인이나 연구자 등에게도 유익한 내용을 담고 있다. 그러나 2012년 발행되기까지 여러 차례에 걸쳐 수정이 이루어졌지만 새로운 내용을 소개하고 반영한 해설서는 없었다. 이러한 이유로 2007년부터 2010년에 걸쳐 言語学研究会의 내부 자료로서 몇 명의 연구자들의 노력으로 비매품인『文法解説書』가 만들어졌다. 본서는 각 장의 저자가 이 해설서를 참고로 하여 번역하면서 연구자들에게도 너무 어려운 내용은 생략하거나 알기 쉽게 수정하고, 연습문제 등을 새롭게 추가하는 방법으로 기초작업을 진행하였다. 또한 한국인 독자를 배려하여「ていねいさ」「漢字のつかい方」「あわせたんご」등의 장은 과감히 삭제하고 사역문에 관한 장은 추가하였다.

문법연구를 위한 입문서에 반드시 포함해야 할 내용은 너무나 전통적이기는 하지만 언어연구에 필수 불가결한 '단어(word)란 무엇인가?' '문장(sentence)이란 무엇인가?'라는 질문부터 시작해야 한다고 필자들은 생각한다. 이 질문을 해결하기 위한 관점과 접근 방법을 통한 기초공사가 제대로 다져지지 않는다면 문법연구는 사상누각(沙上樓閣)과 같은 지적유희에 불과할 것이다. 물론 독자들이 충분히 만족할 정도는 아니겠지만 본서에서는 '단어는 문장의 직접적인 구성요소이다.' '문장은 대상적 내용과 무드적 의미가 본질적인 특징이다.' 등 인간 언어에 대한 이해를 위해서라면 절대 간과할 수 없는 명제들을 다루고 있다. 다만 이러한 내용들이 문법연구에 과연 어느 정도 적절하고 유효한가 하는 판단은 독자에 맡길 수밖에 없다.

마지막으로 이 책은 많은 분들의 도움으로 출간되었다는 점을 밝히고 싶다. 먼저 비매품인 해설서의 소개를 흔쾌히 허락해 주신 言語学研究会의 狩俣繁久교수님, 각 장의 저자, 출간을 맡아준 외대 지식출판콘텐츠원 이근영 선생을 비롯한 여러분들께 사의(謝意)를 표하고 싶다. 다음으로 바쁜 일정인데도 불구하고 몇 개월간 초고를 다듬고 수정해 주신 하재필(부산대)·박수연(고베대)·전자연(경상대) 선생, 일본어를 체크해 준 高橋美保(한국외대) 선생, 마지막 단계까지 교정 작업을 맡아준 하재필(부산대)·전자연(경상대) 선생에게 진심으로 감사한 마음을 표하고 싶다.

2020년 8월 31일

목차

제1장

문장

≪문장≫은 말하고 쓰고 듣고 읽는 언어활동의 기본적인 단위이다. 단어(그 총체인 어휘)와 문법으로 이루어지는 언어가 구체적인 모습으로 드러나는 것은 문장이다. 이것은 문법이 무엇보다 문장을 중요한 테마로 다루어야 한다는 근거가 된다. 일상적으로 행하는 구체적인 언어활동 안에서 문장이라는 언어의 단위를 자각하고 객관화하고 관찰함으로써 즉 문장을 배움으로써 언어학습이 시작된다.

1. 대화와 문장

우리는 대화 속에서 여러 가지를 가르치고 배운다. 자신의 의견을 기술하거나 상대의 의견을 듣거나 한다. 뭔가 해줄 것을 상대방에게 요구하거나 요구받기도 한다. 그런 까닭으로 대화란 사람과 사람을 이어주는 인간에게 매우 중요한 행위이다. 대화는 화자와 청자로 이루어진다. 대화 중에는 같은 사람이 화자가 되기도 하고 청자가 되기도 한다.

대화에서는 화자가 자신이 알고 있는 것을 전달하거나 자신의 의견을 말하거나 동작을 상대방에게 요구하기 위해 문장을 만든다. 문장을 만드는 것은 화자이다. 때문에 문장은 화자가 알고 있는 것, 생각하고 있는 것, 바라고 있는 것의 〈표현〉이다.

이 장에서는 일상생활 속에서 무의식적으로 이루어지는 ≪대화≫라는 언어활동과 그 기본적인 단위인 ≪문장≫에 주목한다.

≪대화≫라는 ≪말≫을 매개로 한 소통에 있어서 ≪화자≫와 ≪청자≫는 지식·정보 교환, 의견 교환, 상대방에 대한 요구 교환을 한다. 그렇기 때문에 ≪화자≫가 ≪문장≫을 만드는 것이다. ≪화자≫는 자신을 둘러싼 현실 세계에서 일어난 일(≪청자≫를 포함하여)에 적극적으로 개입하여, 그것을 ≪문장≫의 내용으로 옮겨 상대방에게 전달한다. ≪청자≫는 그것을 이해하여 현실 세계를 머리에 그린다.

≪대화≫에 있어서 ≪문장≫을 만드는 ≪화자≫와 ≪문장≫을 이해하는 ≪청자≫는 고정된 것이 아니고 ≪대화≫를 구성하는 구성원으로서 그 역할이 상호 교차된다.

[참고]

奥田靖雄(1984)에서는 ≪대화≫ 즉 언어활동을 〈사회적인 대상적 활동으로서〉 인간 활동 전체 속에서 규정하고 있다.

인간은 자신의 생명을 지키고 생활을 발전시키기 위해 자연 상태에 존재하는 사물을 이용하고 변형시키는데, 이러한 인간의 대상적(対象的) 활동은 사회 속에서 집단적으로 이루어진다. 그리고 ≪대화≫라는 언어활동은 사회 안에서 대상적 활동을 성립시키기 위한 사람들 사이의 교류이며, 그러한 인간 활동을 전제하지 않고는 성립할 어떠한 필연성도 존재하지 않는다.

(중략) 인간 활동은 그 토대에 대상적 활동이 있고, 그 대상적 활동에 사용 가

능하도록 다양한 영역이 그로부터 파생된다. (중략) 인간 활동은 그 본질에 있어서 인간이 인간일 수 있도록 보증하는 사회적인 대상적 활동이다. 그리고 언어활동이 무엇보다 그 대상적 활동으로서 규정되는 것이라면, 이 활동을 성립시키기 위해 필요한 모든 것이 언어활동 안에 녹아들어 전달되는 것이라 말할 수 있다.

(중략) 언어활동의 내용은 인간의 대상적 활동의 의식화이다.

奥田靖雄(1984:229-230)

제1장에서는 ≪문장≫의 의미적 내용으로서 두 가지 측면, 즉 ≪무드적 의미≫와 ≪대상적 내용≫, 각각의 관점에서 분류된 문장의 여러 종류를 소개한다. 여기서 각각의 해설에 들어가기에 앞서 다양한 문장을 유형별로 분류하는 기준이 되는 두 가지 측면의 특징에 대해 설명하겠다.

≪문장≫은 현실 세계에서 일어난 일을 그 내용으로 옮겨 전달하는 단어나 연어(連語)에는 없는, 현실 세계를 반영하여 상대방에게 전달하는 기능을 갖는 언어적 구축물이다. 그리고 이 ≪문장≫ 안에 그려진 사건을 奥田(1984) 등은 ≪대상적 내용≫이라 한다.

[참고]

奥田靖雄(1985)에서는 ≪대상적 내용≫에 관하여 다음과 같이 서술하고 있다.

앞서 언급했듯이 문장이 그 내용 속에 일어난 일을 묘사하는 것은 문장에 있어서 가장 중요하고 본질적인 특징이다. 문장의 내용에 묘사된 사건, 의미적 내용으로서의 사건을 ≪문장의 대상적 내용≫이라 한다. 이 대상적 내용으로서의 사건은 그 대상적 독립성을 갖고 있기 때문에 현실 세계의 사건으로부터 엄밀하게 구분해야 한다. 이 대상적 내용은 화자가 처해 있는 현실 세계의 관념적 재생이다. 묘사이자 기술인 것이다.

奥田靖雄(1985:44)

한편 문장에 반영된 사건, 즉 문장의 ≪대상적 내용≫은 화자에 의해 확인된 사건인지, 화자가 그렇게 되기를 바라는 사건인지, 화자가 상대방에게 요구하는 것인지, 화자가 상대방에게 질문하는 것인지 등의 의미를 의무적으로 나타내야 한다. 이러한 문장의 ≪대상적 내용≫에 대하여 화자의 관점에서 부여한 주체적 태도가 ≪무드적 의미≫이다.

이 ≪무드적 의미≫에 관하여 奥田靖雄(1985)에서는 다음과 같이 서술하고 있다.

> 문장 안에는 대상적 내용으로서의 사건이 담겨있다. 이 사건은 항상 화자가 현실 세계의 사건으로 확인한 것인지, 화자 자신의 의욕, 결심, 기대인 것인지, 상대방에게 화자가 명령, 바람, 충고, 허가, 금지를 하는 것인지 또는 상대방에게 질문을 하는 것인지에 대한 것으로, 이것 없이는 문장이 존재할 수 없다. 문장의 대상적 내용으로서의 사건은 문장 안에서 이러한 모습을 하고서만 나타나게 되는 것이다. 다시 말해 화자의 그러한 필요에 의해 만들어진 산물이라는 의미이다. 화자의 확인, 기대, 결심, 명령이 아닌 사건은 현실 세계에는 존재하지만 문장의 세계에는 존재하지 않는다.
>
> 奥田靖雄(1985:46)

a~d의 예문을 보자.

a. あした　太郎は　学校に　行く。
b. あした　太郎は　学校に　行くか?
c. 太郎、あした　学校に　行け。
d. あした　太郎は　学校に　行くと　いい。

위 예문은 모두 그 ≪대상적 내용≫이 /あした　太郎が　学校に　行く/ 라는 점에서는 같지만 ≪무드적 의미≫가 a ≪확인≫, b ≪질문≫, c ≪명령≫, d ≪기대≫로 각각 다르다. 즉 /あした　太郎が　学校に　行く/ 라는 공통의 ≪대상적 내용≫은 문장 a~d에서 각기 다른 ≪무드적 의미≫로 즉 다른 모습으로 존재한다. 또한 각각의 ≪무드적 의미≫에는 화자의 현실(청자를 포함한)에 대한 적극적인 태도가 표현되어 있다.

이렇게 위의 a~d의 예문은 ≪무드적 의미≫의 관점에서 평서문, 의문문, 명령문, 희구문(希求文)으로 유형별 분류가 가능하게 된다.

2. ≪무드적 의미≫에 따른 문장의 분류

> **규칙 1**
>
> **화자는 말을 사용하여 자신이 알고 있는 것을 상대방에게 전달한다.**

おかあさんは　だいどころで　夕ごはんを　つくって　いる。
おとうさんは　庭の　花に　水を　やって　いる。
きのう　わたしは　公園へ　いった。
公園では　たくさんの　こどもたちが　遊んで　いた。
あしたは　いなかから　おばあちゃんが　くる。
おとうさんは　駅まで　おばあちゃんを　むかえに　いく。

〈자신이 알고 있는 것을 상대방에게 전달〉하는 문장은 평서문이다. 화자는 현실 세계의 다양한 사건을 직접 경험해서 또는 기억을 재생해서 또는 다른 사건을 실마리로 상상해서, 아니면 타인에게 들어서 확인한다. 그렇게 확인한 것(알게 된 것)을 문장의 대상적 내용에 반영하여 상대방에게 전달한다. 전달하는 문장 안에 담긴 사건은 화자가 말하는 시점(현재)의 것일 수도, 그 이전의 것(과거)일 수도, 그 이후의 것(미래)일 수도 있다.

≪시간≫의 체계를 갖고 있다는 것은 평서문의 특징이다. 명령문, 희구문에 나타나 있는 사건은 미래의 잠재적 사건으로서 화자가 말하는 시점에 실제로 존재하지도, 그 이전에 존재하지도 않았던 사건이다.

평서문의 ≪시간≫은 서술어의 위치에 놓인 동사의 텐스 형식(현재「している」, 과거「した、していた」, 미래「する」), 「きのう、あした」와 같은 시간명사, 「さっき、いましがた、じきに、やがて」와 같은 시간부사에 의해 표현된다. (이 부분에 대해서는 〈제6장 사건의 시간〉에서 자세하게 다룬다.) 한편 현실 세계의 사건을 확인하여 전달하는 평서문에는 ≪시간≫ 이외에도 다음과 같은 문법 범주로 정리되는 문법적 의미가 있으며, ≪확인≫이라는 기본 의미 위에 복합적으로 나타난다.

(1) ≪확인 방법≫의 관점에서 – ≪단정≫≪추량≫≪전문≫

おかあさんは　だいどころで　夕ごはんを　つくって　いる。

≪단정≫

おかあさんは　だいどころで　夕ごはんを　つくって　いるだろう。

≪추량≫

おかあさんは　だいどころで　夕ごはんを　つくって　いるそうだ。

≪전문≫

(2) ≪추량≫에 동반되는 ≪확신도≫의 관점에서

おかあさんは　だいどころで　夕ごはんを　つくって　いるかもしれない。 ≪확신도 낮음≫

おかあさんは　だいどころで 夕ごはんを　つくって　いるだろう。 ≪확신도 중립≫

おかあさんは　だいどころで　夕ごはんを　つくって　いるにちがいない。 ≪확신도 높음≫

(3) ≪사건의 존재 방식≫의 관점에서

– ≪현실성≫≪가능성≫≪필연성(필요성)≫

おかあさんは　だいどころで 肉じゃがを　つくって　いる。

≪현실성≫

おかあさんは　肉じゃがを　つくることができる。

≪가능성≫

おかあさんは　肉じゃがを　つくらなければならない。

≪필연성≫

(4) ≪논리적 전개≫의 관점에서 – ≪기술≫≪설명≫

おかあさんは　だいどころで　肉じゃがを　つくって　いる。

≪기술≫

いいにおいが　家中に　ひろがった。おかあさんが　だいどころで　肉じゃがを　つくって いるのだ。 ≪설명≫

이와 같이 예를 들어「おかあさんが だいどころで 肉じゃがを つ

くって いるのだ」의 예문은 〈사건을 확인하고 전달〉한다는 평서문의 토대가 되는 무드적 의미에 더해서 ≪시간≫의 관점에서 ≪현재≫를, ≪확인의 방법≫이라는 관점에서는 ≪단정≫을, ≪사건의 존재 방식≫의 관점에서는 ≪현실성≫을, ≪논리적 전개≫라는 관점에서는 ≪설명≫을 각각의 문법적 의미로서 복합적으로 표현하고 있는 것이다.

평서문뿐만 아니라, 일반적으로 문장의 무드적 의미를 표현할 때 중심이 되는 것은 서술어의 문법적 형태이다. 또 그것을 보충하고 강조하기 위해 진술부사(「かならず」「きっと」「たぶん」「おそらく」「ひょっとしたら」)가 문장에 추가되기도 한다.

규칙 2

화자는 말을 사용하여 알고 싶은 것을 상대방에게 질문한다.

先生：はなこさん、きのうは　おまつりに　いきましたか？
はなこさん：はい、いきました。
先生：にぎやかでしたか？
はなこさん：ええ、やたいが　いっぱい　でて　いて、
とっても　にぎやかでした。

ゆきこ：はなこちゃん、だれと　いったの？
はなこ：あきこちゃんと　いっしょに。
ゆきこ：やたいで　なにを　かった？
はなこ：わたあめと　ヨーヨーと　やきそばを　かったよ。
金魚すくいも　したよ。

ゆきこ：なんびき　とれたの？

はなこ：4ひき　とれたよ。

의문문에서 화자는 〈자신이 알고 싶은 것〉을 상대방에게 묻는다. 화자는 〈모르는 부분〉이라도 알고 싶다고 생각하지 않으면 상대방에게 질문하지 않는다. 즉 화자는 모르는 것을 알고자 하는 데에 큰 관심을 기울이고 있는 것이다.

의문문은

① 문말에 「か」「の」「のか」의 형식을 붙이거나

② 「だれ」「なに」「どれ」「どこ」「いつ」「どんな」「どう」「なぜ」「いくつ」의 의문사를 사용하거나

③ 평서문의 인토네이션에서 끝을 올리는 방식으로 만들어진다.

본문의 전반부 예문은 의문사를 사용하지 않는 의문문(Yes-No 의문문)이다. 화자는 이 문장을 사용하여 상대에게 「예/아니요」의 답을 요구한다.

본문의 후반부의 예문은 의문사를 사용한 의문문(의문사 의문문)이다. 이 유형의 문장에서는 화자가 모르는 것(未知의 부분)은 의문사로, 알고 있는 것(既知의 부분)은 의문사 이외의 부분으로 표현된다. 화자는 모르는 부분에 대해서 상대로부터 답을 요구한다.

의문문에는 화자가 모르는 부분이나 확인하고 싶은 부분을 상대에게 묻는다는 본래의 기능을 갖는 것들 이외에 다음과 같은 〈2차적 기능을 하는 의문문〉이 있다. 이 유형의 문장에서는 많은 경우에 놀람, 기쁨, 분노, 슬픔 등의 〈감정〉이나 〈비난〉, 〈질책〉 등의 뉘앙스가 표현된다. 아래의 예문은 古座暁子(1984)에서 발췌한 것이다.

「どこへ行くのだ。さっき帰れと言ったじゃないか。」

(さっき帰れと言ったぞ!)

「40過ぎた女を、どこで雇ってくれるのよ!」

(どこも雇ってくれないわ。)

「すこし暑くなってきたなあ。開けるか。」

「おかあさん、今日の宿題、見てくれる?」

「コーヒーでも飲みますか。」

「おいおい、なぜ早くお茶を持ってこないか」

규칙 3

화자는 말을 사용하여 알고 싶은 것을 상대방에게 질문한다.

あしたは　6時に　おきろ。

きょうは　はやく　ねなさい。

おかあさん、あした　おべんとうを　つくって　くれ。

パスポートを　見せて　ください。

たろう、あしたは　つりに　いこう。

みんなで　こうえんで　おべんとうを　たべましょう。

상대방에게 동작을 실행하도록 하는 명령문은

① 「しろ」「しなさい」의 문말형식을 갖는 명령문

② 「してくれ」「してください」의 문말형식을 갖는 의뢰(부탁)문

③ 「しよう」「しましょう」의 문말형식을 갖는 권유문

과 같은 유형으로 나눌 수 있다.

동작의 주체는 명령문과 의뢰문에서는 상대방(2인칭)이 되는데, 권유문에서는 동작 주체가 화자와 청자(1, 2인칭) 모두가 된다.

명령문에는

④「するな」의 문말형식을 갖는 금지를 나타내는 문장이 있다.

규칙 4

화자는 말을 통해 자신이 하고 싶은 것, 바라는 것을 표현한다.

海に　行きたいなあ。

海で　泳ぎたいなあ。

あしたは　はれると　いいなあ。

はなこも　くると　いいなあ。

화자가 이루어지기를 바라는 사건을 표현하는 희구문은

①「したい」의 문말형식을 이용하여 화자 자신의 동작에 대한 화자의 욕구를 표현하는 문장

②「するといい」「すればいい」「したらいい」「してほしい」의 문말형식을 이용하여 청자나 제3자의 동작에 대한 화자의 기대를 표현하는 문장으로 나눌 수 있다.

또 ③「しよう」「するつもりだ」의 문말형식을 이용하여 화자 자신의 동작에 대한 결심, 각오를 표현하는 문장도 희구문으로 넣을 수 있다.

● 규칙 5

화자는 말을 통해 알고 있는 것을 청자에게 전하거나, 알고 싶은 것을 상대방에게 묻는다. 청자에게 명령, 부탁, 권유를 하기도 한다. 또한 자신이 하고 싶은 것, 바라는 것을 표현한다. 이때 사용하는 것이 문장이다. 문장은 사용 방법에 따라, 평서문, 의문문, 명령문, 희구문의 4가지 종류로 분류할 수 있다.

1) 평서문

たろうは　きのう　おまつりに　行った。

やたいで　やきそばを　買ったよ。

2) 의문문

あきこ、きのう　おまつりに　行ったか?

きょうも　おまつりに　行くか?

3) 명령문

はなこ、ぼうしを　もって　こい。

おかあさん、かばんを　もって　きて　くれ。

おとうさん、あしたは　いっしょに　山に　いこう。

4) 희구문

ちょうじょうで　おにぎりが　食べたいなあ。

あした　はれると　いいなあ。

≪평서문≫, ≪의문문≫, ≪명령문≫, ≪희구문≫의 분류는 문장의 〈사용법〉에 따른 분류이다. 추가로 다음 문헌을 참고하기 바란다.

[참고]

전통적인 문법론은 보통 문장을 평서문 declarative, 명령문 imperative, 의문문 interrogative으로 나누고, 그 분류기준을 발화의 목적 또는 의도에 둔다. 만약 대상의 분류기준을 문장의 내부에서만 찾아야 한다면, 화자의 말하는 목적은 문장의 외부에 존재하므로 문장을 분류하는 기준이 되지 못할 것이다. 같은 의도를 평서문으로 말할 수도 있고, 명령문으로 말할 수도 있다. 화자가 말하는 목적에 의해 문장을 생산한다는 것은 말할 나위 없다. 따라서 이러한 전통적인 분류도 문장을 그 무드적인 의미에 따라 전달적 유형으로 일반화한 것이라고 이해하면 될 것이다. 모든 문장에 동반되는 문장을 성립시키는 데 필수 불가결한 본질적인 특징이라 할 수 있는 무드적 의미에 따라 문장을 분류한 것이라고 보면 되는 것이다. 전통적인 문법론이 이러한 문장의 분류를 다른 문장의 분류방식보다 우선적으로 취하는 것은 무드적 의미의 존재가 문장에 있어서 가장 본질적인 특징이고, 모든 문장을 분류하는 데 대입할 수 있기 때문이다. 본고에서는 이 전통적인 분류에 몇 가지 수정사항을 더한 체코판 『러시아어 문법』(1979)에 따라, 다음과 같은 일람표를 가설로서 채택한다. 가장 큰 차이는 희구문을 전달적 유형 중 하나로 인정했다는 점인데, 그 이유는 문장을 패러다임으로 정리하는 데 큰 이점이 있기 때문이다.

I 서술문(のべたてる文)
 1) 평서문(ものがたり文) narrative sentence
 2) 희구문(まちのぞみ文) optative sentence
 3) 명령문(さそいかけ文) hortative sentence

II 의문문(たずねる文)

奥田靖雄(1985:46-47)

희구문을 평서문과 명령문의 중간에 배치시켜 서술문 안에 포함시킴으로써 무드적 의미에 따른 문장의 분류(문장의 전달적 유형) 전체를 체계적으로 정리할 수 있다. 이 부분에 대해서 奥田靖雄는 다음과 같이 설명한다.

[참고]

예를 들어, 희구문에는 ≪나는 x를 서술한다(のべたてる)≫라는 의미특징이 ≪나는 x를 바람직하게 생각한다≫라는 의미특징과 결합하고 있기 때문에 ≪희구문≫이라는 전달적 유형이 갖고 있는 문법적 의미는 ≪나는 내가 바람직하게 생각하는 x를, 서술한다(のべたてる)≫라는 의미가 되는 것이다. 이러한 종류의 문장의 대상적 내용은 아직 현실에 존재하지는 않는, 내가 그 실현을 바라고 있는 사건인 것이다. 한편 명령문에서는 희구문의 문법적 의미에 ≪상대방에 대한 동작의 권유≫라는 의미특징이 더해진다. ≪나는 내가 바라는 x를 서술한다(のべたてる)≫라는 부분은 희구문, 명령문과 동일하지만 후자에서는 ≪나는 상대방에게 x의 실행을 바란다≫라는 의미특징이 더해져 있어서 두 유형은 이 부분에서 구분된다. 평서문에서는 x는 내가 확인한 현실 세계의 사건으로 그 x를 서술하고 있는 것이다.

체코판『러시아어 문법』에 따르면 먼저 현실 세계의 사건 확인으로서 ≪평서문≫이 출발점이 된다. 한편 인간의 의도적인 활동이나 인간의 생활에 관련된 자연현상의 경우 미래의 사건은 인간에게 ≪바람직한 사건≫으로서 인식된다. 그리고 화자에게 바람직한 사건을 화자가 문장으로 서술한다면 ≪희구문≫이 되는 것이다. 앞으로의 현실 세계의 사건이 가능성으로 확인되지 않으면 의지나 기대, 바람 등은 이루어지지 않는다고 한다면 ≪희구문≫의 존재는 ≪평서문≫의 존재를 전제로 하고 있다고 말할 수 있다. 이렇게 ≪평서문≫에 ≪희구성(まちのぞみ性)≫이라는 의미특징이 더해지면 ≪희구문≫이 생기고, 이 ≪희구문≫에 ≪명령성(はたらきかけ性)≫의 의미특징이 더해지면 ≪명령문≫이 성립한다고 단순화하여 기계적인 규정을 내리는 것도 가능하다.

奥田靖雄(1986:23)

이것을 도식화하면 다음과 같다.

서술문(declarative sentence) 안에서, 평서문, 희구문, 명령문은 다음과 같이 문법적 의미에 있어서 의미특징의 가감에 따라 체계화할 수 있다.

① 평서문 narrative sentence

太郎は　水を　のんで　いる。

＜私は、x(太郎が　水を　のんで　いること)をのべたてる＞

② 희구문 optative sentence

太郎は 水を のむといい。

＜私は、x(太郎が　水を　のんで　いること)をのぞましく思うこととしてのべたてる＞

③ 명령문 hortative sentence

太郎、水を のめ。

＜私は、x(太郎が　水を　のんで　いること)をのぞましくおもうこととして、かつあい手に実行をもとめるものとしてのべたてる＞

3. ≪대상적 내용≫에 따른 문장의 분류

● 규칙 6

화자가 알고 있는 것, 알고 싶은 것, 영향력을 행사하는 것, 바라는 것은 모두 사람이나 사물의 동작, 변화, 상태이다. 즉 문장은 사건을 묘사한다. 또한 화자가 알고 있는 것, 알고 싶은 것에는 사람이나 사물의 특징도 있다. 이때 문장은 사람이나 사물의 특징을 표현한다.

1) 사건

① 동작

けさ、わたしは　こうえんを　あるいて いた。

そしたら、花子が　こっちの　ほうへ　はしって　きた。

おとうさんが　ボールを　なげた。

ポチが　ボールを　おいかけた。

ボールが　ころころ　ころがっている。

風で　こうえんの　木が　ゆれている。

② 변화

おとうさんは　一年間に　5キロ　ふとった。

太郎は　せが　5センチ　のびた。

風で　じてんしゃが　たおれた。

雨で　ふくが　びっしょり　ぬれた。

③ 상태

ポチが　ぶるぶる　ふるえて　いる。

わたしは　足が　しびれて　いる。

星が　かがやいて　いる。

海が　あれて　いる。

2) 특징

すもうとりは　大きい。

赤ちゃんは　小さい。

この　くすりは　にがい。

その　くすりは　あまい。

문장은 의미적 내용으로서 ≪대상적 내용≫과 ≪무드적 의미≫ 양쪽을 의무적으로 갖는다. ≪대상적 내용≫이란 화자에 의해 문장으로 묘사된 사건으로서 ≪확인≫, ≪질문≫, ≪명령·의뢰·권유≫, ≪욕구·기대≫라는 ≪무드적 의미≫ 속에 존재한다. 즉 문장으로 표현된 〈알고 있는 것, 알고 싶은 것, 영향력을 행사하는 것, 기대하는 것〉은 다시 말해 ≪문장의 대상적 내용≫이 되는 것이다.

규칙 6에서는 ≪대상적 내용≫에 따른 문장의 분류가 제시되어 있다. 이 부분에 대해서는 奥田靖雄(1996)의 다음 설명을 참고하기 바란다.

[참고]

문장에서 나타내는 사건을 ≪문장의 대상적 내용≫이라 부르겠다. 다음과 같은 문장이 대상적 내용으로 사건을 그리고 있다.

1. 동작

きこりは　山で　木を　きっている。

雨にも　かかわらず、きこりは　のこぎりを　ひいている。

2. 변화

きこりも　木も　びっしょり　雨に　ぬれた。

木が　どさっと　たおれた。

3. 상태

きこりは　さむさに　ふるえている。

きりたおされた　木は　しずかに　よこたわっている。

즉 구체적인 현상으로서 사람이나 사물의 동작, 변화, 상태를 ≪사건≫이라고 본다. 그러나 문장의 대상적 내용을 사건에 한정하는 것은 그것을 좁게 해석하는 것이다. 문장은 사건을 묘사할 뿐만 아니라 사람이나 사물에 항상적으로 내재된 특징도 표현할 수 있다. 이 특징을 표현하는 문장에서는 사람이나 사물이 그때그때 구체적으로 존재하는 모습은 배제되고 그 사람이나 사물의 질, 특성, 관계가 구체적인 장면에서 벗어나 추상적인 형태로 나타난다. 따라서 이 종류의 문장은 사람이나 사물의 구체적인 현상 형태의 기술에 그치는 문장과는 다르게 사람이나 사물을 일반적으로 특징짓는 문장이라고 할 수 있다.

1. 특성

彼女は　背が　たかい。

りんごは　すっぱくて、あまい。

新潟は　雪が　おおい。

彼女は　性格が　あかるい。

繁子は　こどものころは　やせていた。

荒川の　水は　いつも　にごっていた。

2. 관계

タラバガニは　カニとは　ちがっている。

花子は　母親に　よく　にている。

3. 질

クジラは　哺乳類に　属する　動物だ。

日本は　島国だ。

彼は　かつて　教師だった。

彼女は　むかしは　なまけものだった。

奥田靖雄(1996:3-4)

이렇듯 언어행위의 가장 작은 단위인 문장은 그 대상적 내용의 관점에서 (a) 사건, 즉 사물의 구체적인 운동(동작, 변화, 상태)을 묘사하는 것과 (b) 사물의 질, 특성, 관계를 표현하는 것, 두 가지의 의미적 유형으로 구분 가능하다.

이 분류는 동사술어문, 형용사술어문, 명사술어문 등의 서술어의 품사에 따른 형식적인 분류에 대부분 대응되는데, 반드시 일치하는 것은 아니다. 동사술어문이라도 사람이나 사물의 항상적 특성을 나타내는 경우도 있다(예를 들어 「あの人はやせている」「この道はまがっている」). 형용사술어문은 특성이나 상태를 묘사한다(예를 들어 「北極はさむい」「きょうはさむい」).

이러한 사실을 주지한다면 문장의 대상적 내용의 관점에서 문장을 분류할 때 이 용어(동작, 변화, 상태, 특성, 관계, 질)를 사용해도 무방할 것이다. 이상의 내용을 工藤真由美(2002)를 참고로 해서 정리하면 다음과 같다.

(1) 사건을 묘사하는 문장

①동작	동사 (동작동사)	あるく、はしる、ける、おいかける、たたむ、むすぶ、あける、しめる、わる、くだく、おる、きる、つける、かける、つるす、さげる、ぬる、のせる、かさねる、ぬく、やく、にる、たく、わかす、ほす、ぬらす、はこぶ、おろす、だす、たべる、のむ、あむ、ぬう、みる、きく、はなす
	동사 (움직임 동사)	ながれる、ゆれる、まわる、もえる、ほえる、さえずる、でる、わく
②변화	동사 (변화동사)	ふとる、やせる、たおれる、ぬれる、まがる、ちぢむ、のびる、おれる、われる、くずれる、つぶれる、さける、きれる、ふくらむ、かたむく、ちらかる、あく、しまる、かわく、よごれる、にごる、つく、とれる、ぬける、やける、とける、はげる、しぬ、さく、ちる
③상태	동사 (상태동사)	ふるえる、しびれる、かがやく、あれる、いらだつ、あきれる、おどろく、まよう、こまる、いたむ、うずく、むせぶ、あせばむ、ほてる、にぎわう、こむ、ひかる、かがやく、きらめく
	형용사 (상태형용사)	いたい、かゆい、くすぐったい、まぶしい、ねむい、うれしい、かなしい、さみしい、つらい、ふあんだ、しんぱいだ、うらやましい、ねたましい、にぎやかだ、さわがしい、しずかだ
	명사	病気だ、かぜだ、筋肉痛だ、おおよりこびだ、無言だ、渋滞だ、はだかだ、ずぶぬれだ、なまにえだ、おつかれだ

(2) 특징을 표현하는 문장

①특성	형용사 (특성형용사)	おおきい、ちいさい、にがい、あまい、まるい、しかくい、あかい、あおい、たかい、ひくい、まじめだ、やさしい、がんこだ、りこうだ、かしこい、げんきだ、健康だ、便利だ、不便だ
	동사	すぐれている、ばかげている、ずばぬけている、ひいでている、まさっている、あかぬけている、くぼんでいる、つきでている
	명사	みどりいろだ、優等生だ、しっかりものだ、やせっぽちだ、さむがりだ、さびしがりやだ、おおざけのみだ、美人だ、なきむしだ
②관계	형용사	ひとしい、おなじだ、ぴったりだ、そっくりだ、したしい、むかんけいだ、ふむきだ、対等だ
	동사	にている、ちがう、ことなる、類似している、象徴している、ならんでいる、かさなっている、むかいあっている、つまっている
	명사	おおちがいだ、きょうつうだ、正反対だ、逆だ、友人だ、むすめだ、敵だ、みかただ
③질	명사	おんなだ、哺乳動物だ、宝石だ、日本人だ、教師だ、医者だ

서술어의 품사별 분류(동사술어문, 형용사술어문, 명사술어문)에 대해서는 제3장 문장구조 (1)에서 자세히 다루겠다.

4. 대화·텍스트를 구성하는 단위로서의 문장

규칙 7

화자는 다양한 문장을 사용하여 대화를 나눈다. 문장은 대화의 단위이다.

たろう:「きのう、おまつりに　いったよ。」
じろう:「へえ、にぎやかだった?」

たろう:「うん、とても　にぎやかだったよ。」
じろう:「金魚すくいは　した?」

たろう:「うん、金魚を　3びきも　とったよ。」
じろう:「ぼくも　金魚すくい　したいなあ。」

たろう:「それじゃあ、こんばん、いっしょに　おまつりに
　　　　いって、金魚すくいを　して　こよう。」

じろう:「うん、いこう。たくさん　とれると　いいなあ。」

たろう:「おおきな　ふくろを　もって　きてね。」

じろう:「うん、わかった。」

はなこ:「たろうくん、わたしも　いっしょに　いっても　いい?」
たろう:「いいよ、みんなで　いっしょに　いこう。」

규칙 8

복수의 사건이나 특징을 표현하기 위해서는 여러 개의 문장이 필요한 경우도 생긴다. 여러 개의 문장을 엮으면 텍스트가 생성된다.

きょう　わたしは　おばあちゃんの　うちに　いきました。おばあちゃんの　うちの　にわには、小さい　はたけが　あります。その　はたけには、じゃがいもや　にんじん、トマトなどが　あります。まっかな　トマトが　たくさん　なっていました。わたしは　きゅうに　トマトが　たべたく　なりました。いっぱい　トマトを　とりました。おとうとは　おとうさんと　いっしょに　じゃがいもを　ほりました。そして、わたしたちは　トマトと　じゃがいもを　うちに　もって　かえりました。

おばあちゃんが　さっそく　カレーを　つくって　くれました。おばあちゃんは　やさしいです。それに、りょうりが　とても　じょうずです。おばあちゃんの　りょうりは　おいしいです。わたしは　おばあちゃんの　てつだいを　しました。にんじんと　たまねぎを　きりました。おばあちゃんは　カレーに　じゃがいもを　たくさん　いれました。

みんなで　夕ごはんに　カレーライスを　たべました。おばあちゃんの　カレーは　すこし　からいです。おとうとは　ごはんに　カレーを　たっぷり　かけて　たべました。おかあさんが　つくった　トマトサラダも　とても　おいしかったです。

연습문제

1. 평서문의 설명으로 맞지 않는 것은?

① 평서문은 과거, 현재, 미래의 ≪시간≫ 체계를 갖고 있다.

② 평서문은 ≪확인 방법≫에 따라 ≪단정≫≪추량≫≪전문≫으로 분류할 수 있다.

③ 평서문에는 인칭 제약이 있다.

④ ≪추량≫을 나타낼 경우 ≪확신의 정도≫에 따라 하위분류가 가능하다.

2. 다음 의문문 중 성격이 다른 것은?

① ご両親は元気ですか?

② 私の名前を覚えていますか?

③ 山田さんはどなたですか?

④ 田舎に帰りたいって思ったりしますか?

3. 명령문, 의뢰문과 권유문을 나누는 가장 큰 특징을 기술하시오.

4. 다음 문장 중 희구문에 속하지 않는 것은?

① 週一回は運動するつもりだ。

② 彼も来ればいいなあ。

③ 今回は受かるといいなあ。

④ 忙しい1日を過ごした後は冷やしたビールが飲みたくなる。

5. 의미적 측면에서 문장의 구성은 현실 세계를 반영하는 ≪대상적 내용≫과 그 내용을 담는 ≪무드적 의미≫라는 두 가지의 큰 요소를 의무적으로 포함하게 된다. ≪대상적 내용≫의 관점에서 문장을 분류하면 크게 사건과 특징으로 나눌 수 있다. 사건과 특징 각각의 하위분류를 기술하시오.

〈참고문헌〉

奥田靖雄(1984)「文のこと」『宮城教育大学·国語国文』 13·14 合併号

奥田靖雄(1985)「文のさまざま(1)文のこと」『教育国語』80号, むぎ書房

奥田靖雄(1986)「文のさまざま(2)まちのぞみ文(上)」『教育国語』85号, むぎ書房

奥田靖雄(1996)「文のこと·その分類をめぐって」『教育国語』2−22号, むぎ書房

工藤真由美(2002)「現象と本質−方言の文法と標準語の文法−」『日本語文法』2−2, くろしお出版

古座暁子(1984)「たずねる文」『教育国語』79, むぎ書房

제2장

단어

제2장에서는 제1장 문장에 이어 ≪단어≫를 다룬다. 제1장에서 설명하였듯이 ≪문장(sentence)≫이 없으면, 말하기, 듣기, 쓰기, 읽기와 같은 우리의 언어활동은 성립하지 않는데, 그 ≪문장≫은 단어로 구성되어 있다. 문장이 단어로 구성되어 있다는 것은 인간 언어의 가장 중요한 특징이며, 문장과 단어를 의식적으로 파악하는 것으로부터 문법 학습은 시작된다.

문장과 단어는 긴밀하고 직접적으로 결합되어 전체와 부분의 관계를 이루고 있다. 이 사실을 무시하고는 문장을 이해할 수 없으며, 단어도 이해하기 어렵다.

[참고]

인간은 과거로부터 미래에 이르기까지의 무한한 사건들을 유한한 언어로 파악하여 다른 사람들과 서로 소통하는데, 언어를 이용하는 이 의사소통 활동은 문법적 규칙에 따라 단어를 문장으로 만들어서 성립한다. 왜 그렇게 되는 것일까?

각각의 개별 단어에는 사물과 현상, 또는 그것들의 속성이 일반화되어 반영되어 있다. 또한 문법적 규칙, 즉 문장의 구조적인 결합에는 사물과 현상과 속성 사이의 다양한 관계가 일반적이며 추상적으로 반영되어 있다. 따라서 몇몇 단어를 문법적 규칙에 맞추어 문장으로 만들어서 어떠한 사건이라도, 그것이 두 번 다시는 일어나지 않는 사건이라 하더라도 표현할 수 있으며, 이해할 수 있다. 일반적인 것은 항상 자기 안에 개별적인 것을 포함하고 있기 때문에 어떠한 사물이라도, 어떠한 관계라도 표현할 수 있다.

奥田靖雄(1985:42)

분명히 우리는 추상화를 통해 단어를 문장으로부터 분리한다. 그러나 그것은 결국 추상적인 것이고 구체적인 존재는 아니다. 그러나 아무리 추상화를 하여도 그것이 단어 레벨에 머물러 있는 한, 문장의 부분이라고 하는 성격을 씻어낼 수는 없다. 단어는 단어인 이상 품사성에서 해방되는 일은 없다. 그것은 문장의 부분으로서 태어난 단어의 숙명이다.

奥田靖雄(1985:202)

단어는 언어의 가장 기본적인 단위이며, 그 기능과 결합된 중요한 특징을 많이 지니고 있다. 제2장에서는 그중에서도 가장 중요한, 문장을 만드는 재료=요소라는 점(규칙 1), 일정한 음성과 일정한 의미와의 결합, 통일체라는 점(규칙 2), 그리고 단어가 무엇보다도 먼저, 그 의미의 차이에 따라 품사로 나눌 수 있다는 점(규칙 4~7)을 다룬다. 품사의 개념을 여기서 도입하는 것은 다음 제3장에서 문장의 구조를 다루기 위한 필수적인 하나의 전제가 되고 있다.

규칙 1

문장은 몇 개의 부분으로 나눌 수가 있다. 이 부분을 단어라고 한다. 문장은 몇 개의 단어를 조합해서 만든다.

1) 두 개의 단어로 만든 문장

シャボン玉が　とんだ　　風船が　とんだ。

太郎が　はしった。　　犬が　はしった。

2) 세 개의 단어로 만든 문장

ねこが　えさを　たべた。　のらねこが　ねずみを　たべた。

はとが　たまごを　うんだ。　はとが　たまごを　あたためた。

3) 네 개의 단어로 만든 문장

野原に　タンポポが　たくさん　さいた。

きいろい　タンポポが　たくさん　さいた。

がっこうの　かだんに　チューリップが　さいた。

あかい　チューリップが　たくさん　さいた。

4) 하나의 단어로 만든 문장

火事だ。　にげろ。　うるさい。　しずかに。　どろぼう。

규칙 1은 단어와 문장과의 상호 관계를 매우 중요한 것으로 다루고 있으며 단어의 본질을 규정한다.

또한 규칙 1의 〈부분〉은 여기에서는 사물의 한 부분, 단편을 막연

히 가리키고 있는 것이 아니다. 문장이라고 하는 전체에 있어서 그것을 직접적으로 구성하는 요소로서의 단어를 가리키고 있다. 매우 기계적으로 본다면 단어 각각의 음성도 문장을 조합하는 재료이며, 「しゃぼん玉」와 같은 복합어의 각 요소들도 또는 「が」「を」와 같은 조사들도 문장의 부분이라고 볼 수도 있다. 그러나 단어를 이 요소들과 구별하는 것은 단어가 문장을 직접적으로 구성하는 요소라는 점에 있다. 더욱이 복문에 있어서는 그것을 직접적으로 구성하고 있는 요소는 부분=문장이 되므로, 이 규칙은 일단 단문에 한정하여 문장과 단어의 관계를 설명하고 있다.

규칙 1에 있는 예문은 문장을 몇 개의 단어로 만든 것인지에 따라 1)~4)로 나누었는데, 4) 외에는 문장을 만들고 있는 단어의 수 자체에 특별한 의미가 있는 것은 아니다. 당연히 5개 이상의 단어로 만든 문장도 있다. 1)~3)의 예문은 문장을 단어로 나눌 수 있다는 점, 그리고 많이 닮은 문장이라 할지라도 일부가 다르면, 즉 단어가 다르면 다른 문장이 만들어진다는 것을 이해하기 위한 것이다.

4)는 1)~3)과 성격이 많이 다르며 여기에서는 단어가 하나인 것에 중요한 의미가 있다. 규칙 1에 의하면 4)는 문장으로서는 변칙적, 예외적인 것이며, 1)~3) 다음에 오는 것도 그 때문이다.

4)의 예문은 구문론에서 일어문(一語文)이라 불리는 것과 거의 비슷하다. 그러나 일어문(one-member sentence)과 이어문(two-member sentence)은 표면상의 단어 수가 아니라, 본질적으로는 주어와 서술어의 구조적인 분화가 보이는지 아닌지에 의해 구별되는 것이며, 하나의 단어로 만든 문장 모두가 반드시 일어문(一語文)이 되는 것은 아니다.

4)는 엄밀히 말하면 구문론적 분류로서 일어문을 제시하고 있는 것이 아니라, 규칙 1과 관련해서 1)~3)과는 구별되는 하나의 단어로 만든 문장을 제시하고 있다.

[참고]

사건명사 혹은 현상명사라 불리는 단어, 예를 들면 「비, 눈, 지진, 불, 싸움」 등의 명사는 억양으로 ≪확인≫의 무드와 텐스를 부여하기만 하면 바로 문장으로 이행한다. 이와 같은 하나의 단어로 성립된 주어와 서술어의 분할이 없는 문장은 일어문이라 불린다. 그러나 이러한 종류의 일어문은 수가 한정되어 있으며 문장으로서는 전형적이지 않다. 문장의 압도적인 대다수는 적어도 주어로서 기능하는 단어와 술어로서 기능하는 단어 두 부분으로 성립된 이어문이다.

菅原厚子(1985:67)

● 규칙 2

각각의 단어는 음성과 의미로 성립된다. 단어의 음성이 의미를 나타내고 있는 것이다.

규칙 2에서는 단어는 일정한 연속된 음성과 일정한 의미가 결합한 것인 점, 그 두 측면이 떼어놓을 수 없게 결합되어 있어 음성이 의미의 표현수단으로서 기능하고 있다는 점을 다루고 있다.

단어의 음성과 의미는 긴밀한 통일체를 이루고 있어, 음성과 의미 두 측면을 나누는 일은 그렇게 쉬운 일이 아니다. 또한 여기에서 설명하고 있는 점은 언어학의 기본적인 명제이므로, 일반적이고 추상적으로 설명할 수밖에 없는 성격을 지니고 있다.

음성이 단어의 형식적인 측면이라는 점은 일본어에서는 표기법의

문제와도 관련되어 모두가 반드시 명확하게 인식하고 있다고는 할 수 없다. 가나(かな) 문자와 같은 표음문자도 단어의 음성을 빌리기 위한 수단일 뿐이다. 문자를 음성으로부터 구별해야 한다는 점은 규칙 2에는 명시적으로 제시되어 있지 않지만 규칙 2를 이해하기 위해서는 중요한 전제가 된다.

규칙에서는 단어가 음성으로 만들어진다는 점을 설명하고 있으나, 단어의 음절 수 그 자체가 중요한 것은 아니다. 단어의 음성 형식은, 말할 것도 없이, 음절 수만을 가리키지는 않는다. 각각의 음절을 만드는 음운(모음, 자음), 그 배열 순서, 악센트 등 다양하다.

규칙 3

단어는 음성이 다르면 의미도 달라진다. 음성이 같아도 의미가 달라지는 경우도 있다. 음성이 달라도 의미가 같은 경우도 있다.

1) 음성도 의미도 다른 경우

えんぴつ　けしごむ　ビル　ビール

2) 음성이 같아도 의미가 다른 경우

たこ	たこ	あつい	あつい	きる	きる
(蛸)	(凧)	(暑い)	(厚い)	(切る)	(着る)

3) 음성이 달라도 의미가 같은 경우

かお	つら	たべる	くう
ひたい	おでこ	さくじつ	きのう

규칙 3은 규칙 2에 이어 우선 음성이 다르면 의미가 다르고, 반대로 의미가 다르면 음성이 다르다는 단어에 있어서의 음성과 의미의 일 대 일의 원칙을 다루고 있다. 이 원칙은 단어는 음성과 의미가 긴밀히 결합한 통일체라는 점에서 나온 것인데, 이것을 단어와 단어 사이의 관계에 대응시키면, 각 단어의 다른 음성이 각 단어의 의미에 대응하고 있다는 것이 된다.

그런데 몇몇 단어의 경우 음성과 의미 사이에 일 대 일 대응의 원칙이 성립하지 않고 일 대 다, 다 대 일의 관계일 때가 있다. 다의어의 문제를 제외한다면 같은 하나의 음성이 다른 몇 가지의 의미에 대응하는 것이 이른바 동음어의 관계이며, 하나의 같은 의미가 다른 몇 가지의 음성에 대응하는 것이 이른바 동의어의 관계이다. 2)는 동음어의 예이며, 3)은 동의어의 예이다.

문제가 되는 것은 3)이다. 먼저 여기서 〈의미가 동일하다〉고 할 때의 〈의미〉는 이른바 ≪대상적 의미≫에 제한된 것이라는 점에 주의할 필요가 있다. 대상적 의미는 현실 세계의 대상들을 반영하여 그것들을 지시하는 내용이다. 부통 이것이 단어의 어휘적 의미가 되는데, 대상적 의미에는 지시된 대상에 대한 다양한 감정, 평가가 더해지는 경우가 있어 그것들은 ≪감정적 의미≫라고도 불린다.

그러나 엄밀히 말하면 이른바 감정적 의미는 대상적 의미와는 지시하고 있는 것과의 관계가 달라 〈의미〉라 부르는 일이 적절한 것인지가 문제가 되며, 여기에서는 감정적 의미를 〈의미〉라 보지 않는다. 따라서 「かお」「つら」「たべる」「くう」와 같은 것도 같은 것을 지시하는 단어, 즉 의미가 같은 단어로서 제시하고 있다. 더욱이 3)에서 든 예시 중에는 「おでこ」「ひたい」「さくじつ」「きのう」와 같은 감정, 평가와

는 별도로 문장어, 일상어와 같은 문체적인 특징에서 다른 것들도 있으나, 이것들도 지시하고 있는 것이 같으므로 의미는 같다. 이 단어들의 의미가 같다는 것에 대해서 의문이 들 수도 있다. 하지만 지시하고 있는 것이 같다는 것을 먼저 이해하고 거기에 또 다른 차이가 더해졌다고 보면 설명이 가능하다.

규칙 4~7은 각각 명사, 동사, 형용사, 부사를 다룬다. 이들 품사는 주요한 품사로 불리어 접속사, 계사, 후치사 등과는 구별되는데, 그 이유는 주요 품사에 속하는 단어의 양이 압도적으로 많을 뿐만이 아니라 질적으로도 문장을 만드는 근간을 이루고 있기 때문이다.

품사는 보통 ①어휘적 의미, ②형태론적 형태, ③구문론적 기능의 세 측면을 종합적으로 본 것이다. 규칙 4~7에서는 네 개의 주요 품사를 단어의 어휘적인 의미에 따라 규정한다.

규칙 4

단어는 우리 주변의 사람, 사물, 동식물을 지시한다.
이러한 단어를 명사라 한다.

1) 사람을 지시하는 명사

a おとな　こども　としより　あかんぼう　わかもの

b 母　父　兄　姉　まご

c かんごし　医者　大工　りょうし　けいさつかん

d 友だち　てき　みかた　しりあい　けらい

e なまけもの　うそつき　しょうじきもの　天才

f はなし手　よみ手　はたらき手　おどり手　うたい手

g 病人　けが人　びんぼう人　金もち　よっぱらい

h おに　雪女　まじょ　せん人　いっすんぼうし

2) 사물을 지시하는 명사

a ごはん　うどん　おしるこ　かまぼこ　せんべい

b りんご　なし　もも　いちじく　いちご

c きゅうり　ほうれんそう　ごぼう　だいこん　にんじん

d 水　茶　酒　ぎゅうにゅう　ココア

e どんぶり　さら　なべ　はし　すりばち

f ほうちょう　はさみ　カッター　かなづち　のこぎり

g くつ　ぞうり　ながぐつ　げた　わらじ

h つくえ　いす　たんす　ベッド　テーブル

3) 동식물을 지시하는 명사

a すみれ　たんぽぽ　ひまわり　つくし

b まつ　竹　さくら　うめ　いちょう

c とんぼ　ばった　ごきぶり　こおろぎ　ちょう

d たい　まぐろ　ふな　こい　どじょう

e さざえ　はまぐり　あさり　しじみ　あわび

f へび　かめ　とかげ　わに　やもり

g つばめ　すずめ　はと　かもめ　ふくろう

h 馬　牛　ひつじ　犬　ねこ

규칙 4에서는 명사를 가장 기본적이고 구체적인 것에 한하여 다루고 있다. 공간명사, 시간명사, 현상명사, 수량명사, 그 외 다양한 추상명사 등은 일부러 구체명사와 함께 다루지 않았다.

● 규칙 5

단어는 사람이나 사물의 다양한 동작, 변화, 상태를 지시한다.
이러한 단어를 동사라 한다.

1) 사람이나 사물의 동작을 지시하는 동사

a わる　つぶす　きる　おる　くだく

b にる　やく　たく　ふかす　いためる

c たべる　のむ　くう　すう　かむ

d たたく　なぐる　つねる　さわる　なでる

e つける　はる　かける　はがす　もぐ

f たつ　すわる　しゃがむ　かがむ　ねころがる

g いく　くる　あるく　はしる　およぐ

h おもう　かんがえる　かんじる　しる　きづく

i おしえる　まなぶ　しらべる　さがす　みつける

j やる　もらう　うる　かう　かす

k まわる　ころがる　ゆれる　はためく　ながれる

2) 사람이나 사물의 변화를 지시하는 동사

a しぬ　やせる　ふとる　はれる　はげる

b われる　つぶれる　やぶれる　くずれる　おれる

c まがる　のびる　ちぢむ　ふくらむ　ひろがる

d よごれる　ぬれる　かわく　さびる　はがれる

e さく　ちる　かれる　しおれる　はえる

3) 사람이나 사물의 상태를 지시하는 동사

a いたむ　しびれる　ふるえる　ほてる　むせる

b ひかる　かがやく　なる　あれる　におう

규칙 5에서는 동사를 크게 동작, 변화, 상태를 지시하는 것으로 분류하고 있다. 명사의 세 그룹이 경험적으로도 이해하기 쉽고 어휘적인 분류인 반면, 동사의 분류는 추상적이고 문법적인 분류의 성격이 강하다. 이것은 동사 그 자체의 성질에 의한 것이며, 동시에 동사는 뒤에 다루는 문법 범주에서도 중요하기 때문이다.

동작, 변화, 상태라고 하는 동사의 대분류는 동사의 많은 부분을 기본적으로 망라하고 있다. 동사를 어휘·문법적 관점에서 분류하면 이 외에도 존재, 관계, 자연현상, 사물의 움직임, 인간 활동 등을 지시하는 동사로도 분류할 수 있다. 그러나 동작, 변화, 상태의 3대 분류는 동사의 어휘적인 의미에 의해 문장이 만들어진다는 것을 이해하기 위한 전제가 될 뿐만 아니라, 애스펙트, 텐스, 무드 등의 문법 범주와 직접적으로 연결된다.

1)의 그룹은 사람이나 사물의 동작이라 되어있는데, k를 제외하고 여기에 포함되는 동사는 사람이 주체가 된다. 가장 전형적인 경우 ≪동작(動作)≫은 다른 사물(객체)에 작용하여 그 사물에 어떤 변화를 야기시키는 인간의 의도적이며 물리적인 운동을 가리킨다. k는 사물의 움직임을 가리키는 동사인데, 여기에 포함되어 있는 것은 분류를 단순히 하기 위한 편의적인 것이다. a~k는 어휘적 의미에 의한 하위분류인 동시에 연어론, 애스펙트론 등과도 관련된 어휘·문법적인 분

류이기도 하다. 이것은 2), 3)의 하위분류에 관해서도 마찬가지이다.

2)의 그룹은 1)의 경우와는 달리 사람보다도 오히려 사물이 주체가 되는 것들이다. 사람의 변화를 가리키고 있는 경우에도 사람은 동작의 주체인 경우와는 달리, 사물에 의도적으로 작용하고 있는 주체가 아니라 사물에 가깝다.

3)의 그룹이 지시하고 있는 ≪상태(状態)≫는 인간의 생리적인, 혹은 심리적인 상태, 사물의 상태나 기상현상을 가리키고 있다. 변화동사가 외부로부터 작용을 받아 사물이 이전 상태로부터 새로운 상태로 이행하는 것을 가리키고 있다고 한다면, 상태동사는 사람이나 사물의 자체적인 일시적 현상을 가리키고 있다.

규칙 6

단어는 사람이나 사물의 다양한 특징을 표현한다.
이러한 단어를 형용사라 한다.

a しろい　くろい　あかい　きいろい　あおい
b まるい　しかくい　するどい　たいらな
c おおきい　ちいさい　ながい　みじかい　ふとい　ほそい
d あまい　すっぱい　からい　しょっぱい　にがい
e くさい　こうばしい　なまぐさい
f あつい　さむい　ぬるい　つめたい　あたたかい
g あかるい　くらい　まずしい
h やさしい　すなおな　ずうずうしい　いじわるな　まじめな

규칙 6에서는 형용사를 다룬다. 형용사는 〈사람이나 사물이 갖추고 있는 항상적 특징을 가리키는〉 특성형용사와 〈특정 시간에서 생기는 현상을 가리키는〉 상태형용사로 나눌 수 있다. 물론 상호 이행이 가능하나 기본적으로 a~d, h는 특성형용사, c~g는 상태형용사라 할 수 있다. 여기에서는 특성형용사와 상태형용사를 구별하지 않고 두 가지 모두 ≪특징≫을 표현한다고 설명하고 있다.

규칙 7

단어는 동작, 변화, 상태의 다양한 모습이나 정도를 표현한다.
이러한 단어를 부사라 한다.

1) 모습을 표현하는 부사

ゆっくり　あるく

ゲラゲラ　わらう

ピカッと　ひかる

ブルブル　ふるえる

2) 정도를 표현하는 부사

たくさん　たべる

すこし　はしる

ちょっと　やせる

ひどく　いたむ

규칙 7에서는 부사를 다루고 있는데, 여기에서도 기본적인 것, 대

표적인 것에 한정된다. 부사의 가장 전형적인 의미를 동작, 변화, 상태와의 관계에 따라 규정하고 있으나 형용사가 표현하는 특성, 상태의 정도도 표현할 수 있다. 1), 2) 그룹 외에도「たまに」「さっき」와 같은 시간부사 등도 있다.

앞에서 명사, 동사, 형용사는 단어로 예시하고 있는 반면, 부사는 동사와 조합된 형태로 제시하고 있다. 이것은 부사의 의미가 추상적이고 단독으로는 형상화하기 어렵기 때문이다.

≪단어≫란...

우리를 둘러싸고 있는 사람이나 사물에는 모두 이름이 붙어 있다. 사람이나 사물의 동작, 변화, 상태에도 모두 이름이 붙어 있다. 사람이나 사물의 특징에도 모두 이름이 붙어 있다. 이러한 이름을 가리켜 단어라고 한다. 단어는 음성의 연속체이다. 단어를 이용하여 우리는 사람이나 사물을 가리킨다. 사람이나 사물의 동작, 변화, 상태를 가리킨다. 단어가 가리키는 사람이나 사물, 동작, 변화, 상태가 단어의 의미이다. 따라서 단어는 음성과 의미로 성립된다.

우리 주변에는 셀 수 없을 만큼 많은 사람이나 사물이 있다. 셀 수 없을 만큼 많은 동작, 변화, 상태가 있다. 그러나 각각의 사람이나 사물, 각각의 동작, 변화, 상태 하나하나에 이름이 붙어 있는 것은 아니다. 같은 종류의 사람이나 사물을 하나로 묶어 이름을 붙인다. 같은 종류의 동작, 변화, 상태를 하나로 묶어 이름을 붙인다. 예를 들면 사과에는 빨간 사과, 파란 사과, 노란 사과가 있으나, 모두 「사과」라고 하는 하나의 같은 단어로 부르고 있다. 개에는 불도그, 셰퍼드, 스피츠 등 다양한 개가 있는데, 모두를 하나로 묶어 「개」라고 하는 하나의 같은 단어로 부를 수가 있다. 또 먹는 방법도 다양한데, 입에 넣고 이로 씹어 위로 흘려보내는 동작이면 모두 「먹다」라는 하나의 단어로 부를 수 있다. 나무를 톱으로 자르거나, 사과를 칼로 자르거나, 종이를 가위로 자르는 등, 자르는 방법도 다양한데, 도구를 이용하여 사물을 둘로 나누는 동작이면 모두 하나의 같은 「자르다」라고 하는 단어로 부른다. 따라서 단어는 각각의 사람이나 사물, 각각의 동작, 변화, 상태를 하나의 종류로 통틀어 가리키고 있다.

각각의 단어는 다른 음성과 다른 의미를 갖고 있다. 이와 같은 단어를 우리는 많이 저장해두고 있다. 우리는 이 저장한 단어로부터 필요한 단어를 골라내어 말하거나 쓰거나 한다.

연습문제

1. 다음 문장의 단어 수를 쓰시오.

   1) 春になると桜が咲く。( )

   2) 6時に起きた。( )

   3) 一緒に帰ろう。( )

   4) 昨日、友達から東京のお土産をもらった。( )

   5) 雪！( )

2. 다음 중 일어문(一語文)에 대한 설명으로 적절하지 <u>않은</u> 것은?

   ① 주어와 술어의 분화가 없는 문장이다.

   ② 하나의 단어로 구성된 문장은 모두가 일어문(一語文)이라 한다.

   ③ 사건명사, 현상명사는 억양에 따라서는 일어문(一語文)이 될 수 있다.

   ④ 이어문(二語文)만큼 많이 존재하지는 않는다.

   ⑤ 전형적인 문장이라 할 수는 없다.

3. 성질이 같은 것들끼리 묶으시오.

a. 朝(あさ) – 麻(あさ)

b. 保証(ほしょう) – 補償(ほしょう)

c. 期間(きかん) – 機関(きかん)

d. 牛乳(ぎゅうにゅう) – ミルク

e. あす – あした

f. 手(て) – 足(あし)

g. 鞄(かばん) – バッグ

h. 机(つくえ) – 椅子(いす)

4. 다음 밑줄 친 단어 중 성질이 다른 것은?

① 趣味は水泳だ。

② 健康のために、毎日泳ぐことにしている。

③ 太郎は平泳ぎが一番得意だ。

④ スイミングスクールに通っている。

⑤ 川へ泳ぎに行く。

5. 다음 중 다른 것과 성질이 다른 동사는?

① こわす

② あるく

③ よむ

④ おびえる

⑤ ねる

6. 다음을 특성형용사와 상태형용사로 나누시오.

a. たかい

b. いそがしい

c. ふあんな

d. べんりな

e. うれしい

f. ひまな

g. かゆい

7. 다음을 성질이 같은 부사들끼리 묶으시오.

a. かなり面白い映画でした。

b. 予想がぴったりと的中した。

c. この靴はすこし大きい。

d. 山田先生には非常にお世話になった。

e. 後ろからこっそり入る。

f. この部屋はちょっと寒い。

g. 本をざっと読む。

〈참고문헌〉

奥田靖雄(1985)「単語をめぐって」『ことばの研究・序説』, むぎ書房

菅原厚子(1985)「単語、その語彙的な意味」『教育国語』80, むぎ書房

제3장

문장구조 (1)

1. 도입

제3장에서는 단어를 조합하여 문장을 만드는 것을 다룬다. 단어는 기본적으로 문장성분이 되므로 문장성분을 단어라는 표현으로 바꾸어 문장이 어떻게 구성되는지 이해해도 문제가 없다. 오히려 그렇게 하는 방법으로 네 가지 품사(명사, 동사, 형용사, 부사)의 어휘적 의미, 형태론적 특징과 1차적인 구문적 기능과의 상관성을 관찰할 수 있다.

문장성분의 명칭은 주어와 서술어만 제시한다. 〈명사가 보어도 되고, 형용사가 연체수식어가 되고, 부사가 연용수식어가 된다〉는 것은 각각 〈동사가 명사를, 명사가 형용사를, 동사가 부사를 지배한다〉라고 바꾸어 말할 수 있다.

네 가지 품사의 어휘적 의미와 관련 지으면서 이 단어들이 문장에서 하는 기본적 기능을 이해하는 것이 이 장의 목표이다. 4장에서 9장까지는 명사와 동사를 중심으로 하여 단어의 형태론적 지식을 갖춘 후에 10장에서 한 번 더 문장의 구조를 다룬다. 10장에서는 품사나 의미적 차이를 뛰어넘어 각 문장성분에 공통적으로 나타나는 기능을 추출하고, 상황어를 포함한 다양한 문장성분에 관하여 본격적으로 다룬다.

이번 장과 관련하여 먼저 문장과 단어, 단어의 어휘적 의미, 문법적 의미와 같은 기본적 사항을 간단하게 개관한다. 무드적 의미에 따른 문장 유형, 대상적 내용에 따른 문장 유형에 관해서는 奥田(2002)의 해설이 있다. 문장의 구조를 주제로 한 해설로는 喜屋武(2003)이 있다. 자세한 내용은 이 문헌들을 참조하기 바란다.

2. 단어와 문장

언어는 현실 세계에서는 문장으로 존재한다. 단어라고 하는 것은 문장이 구조를 갖추면서 문장구성요소로서 분화시킨 단위이며, 실제로는 문장에서 쓰이는 형식으로밖에 존재하지 않는다. 그러나 단어는 잠재적으로 언어사용자의 의식에 저장되는데, 발화할 때마다 매번 활성화되어 문법적 규칙에 따라서 문장으로 만들어진다. 단어는 문장을 만드는 재료일 뿐만 아니라 기본적으로 문장을 구성하는 요소(문장성분)가 된다.

문장은 현실 세계의 사건을 묘사하여 상대방에게 전달하는 기능을 하지만 현실 세계의 사건을 묘사하고 전달하는 기능을 완수하기 위해서는 현실 세계의 사건을 주체와 객체로 분석하고 분석한 것을 다시 종합하는 과정을 거쳐야 한다. 이러한 과정을 위해서는 주체를 나타내는 단어와 속성을 나타내는 단어가 미리 마련되어 있어야 한다.

사물이나 사람을 나타내는 명사와 사람, 사물의 동작·변화·상태를 나타내는 동사를 조합하는 방법으로 현실 세계의 사건을 묘사하여 전달하는, 최소 단위로서의 문장이 만들어진다. 주체를 제시하는 단어와 속성을 나타내는 단어라는 질적으로 다른 두 단어만 있으면 최소한의 문장은 성립한다. 모든 언어에서 명사와 동사가 가장 기본적인 품사인 것은 이러한 이유에서이다. 현실 세계의 사건을 바탕으로 하여 화자가 만들어낸 문장이 담고 있는 의미가 나타내는 사건을 ≪문장의 대상적 내용≫이라고 한다.

3. 단어의 어휘적 의미

모든 언어에는 단어가 존재하며 각각의 단어는 현실의 단편을 일반적으로 가리킨다. 이렇게 단어가 가리키는 의미를 ≪어휘적 의미≫라고 한다. 현실의 사물이나 운동, 특징은 무한하게 존재하며 시시각각 변화하기 때문에 하나하나의 사물이나 운동, 특징에 일일이 다른 이름을 붙이는 것은 불가능하다. 단어가 가리키는 어휘적 의미는 서로 다양한 차이점을 가지고 있으면서도 하나의 공통된 특징으로 묶이는 일반적 사물을 나타내며, 수많은 서로 다른 사물에 공통적으로 갖추어진 일반적 특징이다. 어휘적 의미가 일반적이기 때문에 개별적 사물·특징을 가리킬 수 있다. 단어의 일반적 성격은 단어의 어휘적 의미가 갖는 본질적 특징이다.

4. 다른 단어와의 의미적 결합

단어의 어휘적 의미는 다른 단어의 어휘적 의미와 결합하지 않고서는 존재할 수 없다. 문장이 구조를 갖추게 된 결과 문장을 구성하는 요소로 만들어진 단어는 다른 단어와 결합하는 능력을 갖추고 있다. 문장의 대상적 내용은 기본적으로는 단어의 어휘적 의미들 사이의 결합으로 구성된다. 문장성분이 되어 문장의 대상적 내용을 담당하는 것은 단어의 본질적 특징이다.

단어와 문장이 재료와 건축물이라는 관계라고 한다면 재료인 단어는 다른 단어와 의미적으로 결합한다는 특징을 지니고 있다. 다른 단어의 어휘적 의미와의 결합이라는 것은 해당 단어의 어휘적 의미가 문장에서 존재하는 방식이라는 뜻에서 ≪형식≫이다.

단어의 이러한 측면 즉 다른 단어와의 의미적 결합과 그 표현수단의 통일은 단어의 전형적인 ≪문법적 형식≫이다. 예를 들어「切る、こわす、つぶす、まげる」와 같은 구체적 사물에 작용해서 그 사물에 변화를 일으키는 동작을 나타내는 ≪형태변화동작(주체동작·객체변화동사)≫은 구체명사와 조합하여 형태변화를 나타내는 결합을 만드는데, 이 결합은 〈を격의 구체명사를 동사 앞에 배치한다〉 라는 방법으로 구현된다.

≪격(case)≫은 명사가 다른 단어와의 관계에서 담당하는 의미적 역할을 표현하는 형태론적 범주로, 격이 나타내는 의미는 조사에 있는 것이 아니라 명사에 내재되어 있다.

5. 단어와 현실과의 연관성

한편 문장에서 단어의 어휘적 의미는 현실과도 관계를 맺고 있어서 단어는 그 관계도 표현해야 한다. 예를 들어「犬」와「ほえる」를 조합하여 문장을 만드는 경우「犬」라는 단어가 가리키는 것은 현실 세계에서는 특정한 개, 불특정한 개, 어떠한 부류에 속한 개, 일반적인 개, 이 중 하나인데 이를 구별하여 전달할 필요가 있다.「犬が　ほ

えた」의 주체는 특정적(特定的)이지만 「犬は　ほえる」의 주체는 일반적이다. 「となりの　犬は　このごろ　よく　ほえる」는 특정 주체의 습관적 동작을 나타낸다. 주체의 지시적 성격과 동작의 구체성·추상성은 밀접하게 관계된다. ≪지시(reference)≫는 단어의 어휘적 의미와 현실의 사물을 관계 짓는 하나의 방법이다.

그리고 지시사를 사용하여 특정한 개로 한정한다 하더라도 「この　犬は　ほえる」「この　犬も　ほえる」「この　犬だけが　ほえる」「この　犬さえ　ほえる」와 같이 이 개 이외의 다른 개를 상정하면서 지정(指定), 대비(対比), 공존(共存)을 나타내거나 하는 경우가 있다. ≪toritate(とりたて)≫[1]라는 현상도 단어의 어휘적 의미와 현실과의 연관성을 나타내는 하나의 표현이다.

또한 「ほえる/ほえた」의 대립이 나타내는 동작시점과 발화시점의 시간적 관계, 「ほえた/ほえただろう」의 대립이 나타내는 화자에 의한 동작의 확인 방법도 단어의 어휘적 의미와 화자가 놓인 현실의 관계를 표현하고 있다.

문말에 오는 단어는 텐스·무드의 의미들 중 하나를 나타내지 않고서는 존재할 수 없으며 그러한 의미에서 문장에서 단어가 나타내는 현실과의 관계는 어휘적 의미의 존재형식이다. 이러한 현실과의 관계를 나타내는 의미들과 그 표현수단의 통일도 단어의 문법적 형식

1) 명사는 격을 통해 문장을 구성하는 다른 단어에 대한 관계(사건을 구성하는 데에 있어서의 관계)를 나타내는데, 명사의 격, 특히 연용격에는 toritate의 형식이 있다. toritate 형식은 문장에서 해당 형식으로 표현된 사건·사물이 현실에 있는 동류의 사건·사물에 대해 어떠한 관계에 있는지를 화자의 관점에서 표현한다. 자세한 내용은 鈴木(1972:231)를 참조하기 바란다.

이다.

≪문장의 대상적 내용≫과 현실의 사건을 관계 짓는 것을 ≪진술적 관계≫라고 한다. 「犬が、犬は、犬も」와 같은 명사의 toritate 형식, 「ほえる、ほえた、ほえるだろう」와 같은 동사의 무드나 텐스를 나타내는 문법적 형식은 ≪진술적 관계≫를 나타내는 하나의 표현수단이다. 일반적인 어휘적 의미를 나타내는 단어를 조합하여 개별 사건을 묘사하고 전달하는 것이기 때문에 이를 위한 장치로서 단어에는 문법적 형식이 갖추어져 있어야 한다.

● **규칙 1**

명사와 동사를 조합하여 문장을 만든다. 이때 명사는 동작이나 변화나 상태의 주체를 제시하고 동사는 그 주체의 동작이나 변화나 상태를 나타낸다.

명사	동사
동작의 주체	주체의 동작
犬が	ほえる。
太郎が	およぐ。
변화의 주체	주체의 변화
ちゃわんが	われる。
風船が	ふくらむ。
상태의 주체	주체의 상태
星が	かがやく。
太郎が	ふるえる。

(1) 문장성분=단어의 의미적 결합

언어를 통한 의사소통은 음성을 시간적 순서에 따라 선상으로 나열하는 방법을 따르고 있다. 구체적으로는 단어를 일정한 순서로 배치하는 방법으로 문장을 만드는 것이므로 어순이 그 단어의 문법적 의미·기능에 있어 가장 기본적 표현수단이 된다. 예를 들어 「たろうが はしる」「いぬが ほえる」라는 문장에서 사람명사·동물명사를 앞에 배치하고 동작동사를 뒤에 배치하고 있다. 이러한 배치를 통해 앞

에 놓인 명사가 제시하는 사람·동물은 뒤에 놓인 동작동사가 나타내는 동작의 주체(동작주)이며 동사는 그 주체의 동작을 나타내고 있다. 동작과 주체의 의미적 결합은 어순이라는 구문적 수단 외에 일본어에서는 형태론적 형식인 명사의 격으로도 나타낸다.

일본어의 명사의 격 형식은 조사(교착접미사)를 붙이는 방법으로 만들어진다. 어순과 같은 수단은 단어의 ≪구문적 형식≫이다. 조사를 붙이는 방법을 통한 격 형식은 단어의 ≪형태론적 형식≫이다.

어순도 격도 문장에서 명사가 다른 단어와 의미적 결합을 할 때 그 명사가 담당하는 역할을 표현하는 형식이며 명사의 어휘적 의미의 존재 방식이고, 문법적 의미와 그 표현수단의 통일체인 ≪문법적 형식≫이다.

(2) 문장성분=단어의 기능적 결합

문장은 현실의 사건을 묘사하는 단위임과 동시에 의사소통의 단위이기도 하다. 문장에서 앞부분에 위치하는 사람명사, 동물명사는 뒷부분에 위치하는 동작·변화·상태를 나타내는 동사와 조합하여 단순히 ≪동작·변화·상태의 주체≫를 나타내는 것에 그치지 않고 화자가 전달하고 싶은 내용의 주제를 제시하기도 한다. 의사소통은 기본적으로 〈무언가에 관하여 무언가를 서술한다〉는 것이기 때문에 서술되는 무언가(테마)를 〈제시하는〉 부분과 그것에 관하여 〈서술하는〉 부분으로 구성된다. 현실 세계를 반영하고 전달하는 수단인 문장은 현실 세계의 사건을 묘사한다는 관점에서 보면 〈동작·변화·상태와 이것들의 주체〉의 의미적 결합을 만들어 내고 있으며, 의사소통의 관점에서 보면 〈제시와 서술〉이라는 기능적 결합을 만들어 내고 있다.

문장성분=단어는 다른 단어와 의미적 결합에서 어떤 역할을 하는가 하는 측면, 그 문장을 전달할 때 어떤 기능을 하는가 하는 측면을 가지고 파악할 수 있다.

주어는 ≪주체≫라는 의미적 역할을 맡고 있으면서 ≪테마의 제시≫라는 기능을 하고 있고, 서술어는 ≪동작·변화·상태≫라는 의미적 역할을 맡으면서 테마에 관해서 ≪서술≫하는 기능을 수행하고 있다. 대부분의 동사술어문은 의미구조와 기능구조라는 두 구조의 대응을 토대로 만들어진다.

(3) 의미구조와 기능구조의 대응과 모순

의미구조와 기능구조가 획일적으로 대응하지 않는 것을 보여주는 사례로서 능동구조와 수동구조의 대립을 들 수 있다. 이 외에도 が격 명사가 반드시 동작의 주체나 특징의 주체를 나타내는 것은 아니며 が격 명사가 주어의 자격에서 격하되어 연어적 서술어의[2] 요소로 쓰이고 있는 문장이나 が격 명사를 보어로 보는 편이 적절한 문장 등, 의미구조와 기능구조가 일치하지 있는 문장이 있다. 욕구동사, 가능동사는 が격의 보어를 요구하며(f), 일반 인칭문에서 주체는 나타나지 않는 대신에 동작의 객체가 ≪테마가 되는 주어≫를 나타내는 경우가 있다(g).

a. 警察官が　泥棒を　おいかけた。
　泥棒が　警察官に　おいかけられた。

2) e의 「髪が長い」와 같이 두 단어 이상의 조합이 서술어로 기능하는 경우

b. いのししが　山で　ころされている。(동작 객체:진행)

c. いのししが　山に　ころされている。(상태의 주체:결과)

d. 函館は　夜景が　きれいだ。

夜景は　函館が　きれいだ。

e. 花子は　髪が　長い。

花子は　はなしが　うまい。

f. 次郎は　英語が　話せる。

わたしは　おちゃが　のみたい。

g. じゃがいもは　かわを　むく。

失敗は　二度と　くりかえしません。

(4) 동사의 어휘·문법적 계열

동사는 기본적으로 사람이나 사물의 운동을 나타낸다. 동작·변화는 시간 속에서 전개하는 인간이나 사물의 가장 구체적 존재 양상이다. 전형적인 동작은 사물에 작용하는 인간의 의도적 활동이다. 상태는 일정한 시간 동안 지속하는 일시적 정적현상이지만, 변화는 어떤 상태에서 다른 상태로의 전환을 묘사한다.

이러한 종류의 의미에 따라 동사의 무드·텐스·애스펙트는 다른 문법적 의미를 나타낸다. 예를 들어 「のむ」와 같은 동작동사는 종지형일 때 무드에 대한 완전한 활용체계를 갖추고 있으나 「われる」와 같은 무의지적 변화동사에는 「*われよう、*われろ」와 같은 활용형이 없다. 「のんでいる」와 「われている」와 같은 두 가지의 계속상은 전자가 동작계속을 나타내고 후자가 변화결과계속을 나타내기 때문에 다른 의미를 나타낸다. 「のんだ」와 「われた」가 나타내는 완성상도 내적

한계의 유무에 따른 차이로 인해 다른 애스펙트 의미를 나타낸다.

규칙 2

명사와 형용사를 조합해서 문장을 만들 수 있다. 이때 명사는 특징의 주체를 제시하고 형용사는 그 주체의 특징을 나타낸다.

명사	형용사
특징의 주체	주체의 특징
先生は	やさしい。
図書館は	しずかだ。
海は	ひろい。
ねこは	おとなしい。
ちゅうしゃは	いたい。
くすりは	にがい。

(1) 형용사술어의 특징

형용사는 사람이나 사물의 특성, 상태를 나타낸다. 특성이란 사람이나 사물이 갖추고 있는 잠재적 특징이며, 상태란 사람의 생리나 심리, 사물의 외면에 나타나는 일시적 정적 현상이다. 문장에서 특성형용사는 명사 앞에 위치하여 연체수식어로도 쓰이고, 주어가 되는 명사와 조합하여 서술어가 되기도 한다. 그러나 상태형용사는 대부분이 서술어로 쓰인다. 예문의 「いたい、にがい」는 사람의 생리적 상태를 가리키는 상태형용사이지만 여기에서는 「ちゅうしゃ」와 「くすり」의

일반적 특성을 설명하는 문장의 서술어로 쓰이고 있다.

형용사에는 い형용사와 な형용사가 있으며 각각 무드·텐스, 구문적 위치에 따른 활용 체계를 갖추고 있다. 연체형은 「あかい(しずかな)、あかかった(しずかだった/しずかであった)」, 중지형은 「あかく、あかくて(しずかで/しずかで あって)」와 같이 된다. 연용형인 「あかく(しずかに)」는 부사로 전성한다. 형용사에 관해서는 제11장에서 자세히 다룬다.

<종지형>

		い형용사	な형용사·ダ체	な형용사·デアル체
단정	비과거	あかい	しずかだ	しずかで　ある
	과거	あかかった	しずかだった	しずかで　あった
추량	비과거	あかいだろう	しずかだろう	しずかで　あろう
	과거	あかかっただろう	しずかだっただろう	しずかで　あっただろう

규칙 3

명사와 명사를 조합해서도 문장을 만들 수 있다. 이때 앞에 오는 명사는 질(質)의 주체를 제시하고 뒤에 오는 명사는 주체의 질을 나타낸다. 그리고 이 질에 따라서 주체를 유형화할 수 있다.

여기에서 말하는 질이란 그 사람·사물이 갖추고 있는 필수적이며 중요한 특성의 집합을 말한다.

명사	명사
질의 주체	주체의 질
おとうさんは	せんせいだ。
おじさんは	いしゃだ。
カラスは	鳥だ。
クジラは	ほにゅうるいだ。
あには	高校生だ。
おとうとは	小学生だ。

(1) 명사술어의 형태론적 특징

서술어로 명사가 쓰인 경우 그 명사에는 계사를 만드는 교착접미사 「ーだ」(문장어에서는 보조적 단어=계사「ある」)가 붙어서 무드·텐스, 구문적인 위치에 따라 활용한다. 연체형은 「鳥である、鳥だった、鳥であった」, 중지형은 「鳥で、鳥であり、鳥であって」와 같다. 형용사와 마찬가지로 애스펙트, 보이스를 나타내는 범주는 없다. 텐스의 의미가 나타나는 양상도 동사와 다르다.

<종지형>

		ダ체	デアル체
단정	비과거	鳥だ	鳥で　ある
	과거	鳥だった	鳥で　あった
추량	비과거	鳥だろう	鳥で　あるだろう
	과거	鳥だっただろう	鳥で　あっただろう

⑵ 명사술어문의 의미유형으로서의 질

명사술어가 나타내는 질이란 주어가 제시하는 사람이나 사물의 〈본질적 특성의 집합〉을 뜻한다. 「ペンギンは　鳥だ」를 예로 들자면 이 문장은 주어인 펭귄이라는 동물의 특징을 설명하고 있는 문장이다.

그러나 이 문장은 「ペンギンは　やさしい」「ペンギンは　やんちゃだ」와 같은 형용사술어문을 사용한 경우와 같이 어떠한 측면의 특징을 나타내고 있는 것이 아니다. 펭귄에게 〈鳥である〉라는 특징은 다른 생물과 펭귄을 구별 짓는 본질적 특징이다. 펭귄이라 하면 「부리를 가지고 있다」「흑백의 깃털을 가지고 있다」「남극에 서식한다」 등 다양한 특징을 가지고 있으며 각각의 특징이 펭귄의 특성을 나타내고 있다.

그러나 화자에게는 펭귄이기 위해서 필수적인 분류상의 관점에 따른 몇 가지 특징이 중요한 것으로 그 특징이 펭귄을 다른 생물과 구별시키는 본질을 구성한다. 「하늘을 난다」와 같이 새라면 필수적인 것처럼 보이는 특징도 여기에서는 본질적이지 않다. 새라고 판단한 구체적 근거가 무엇인지는 이 문장 전체에는 명시되지 않지만, 분명히 화자는 새라고 판단한 구체적 근거를 인식한 다음에 펭귄을「새」라고 규정하고 새라는 종류에 분류한 것이다. 질을 규정하지 않고서는 분류는 이루어지지 않는다.

(3) 문법적 의미로서의 ≪질≫

여기에서 말하는 ≪동작·변화·상태, 특성, 질≫과 같은 용어는 서술어에 쓰이는 동사, 형용사, 명사의 어휘적 의미를 일반화한 것이 아니다.「鳥」라는 명사의 어휘적 의미를 아무리 일반화한다고 하더라도 ≪질≫이라는 의미를 추출할 수 있는 것이 아니다.

이 용어들은 서술어 자리에 위치한 단어의 어휘적 의미와 주어로 제시된 명사의 어휘적 의미 사이의 의미적 결합에서 서술어가 맡고 있는 역할을 뜻한다.「鳥」라는 명사의 어휘적 의미는 주어인「ペンギン」이라는 명사의 어휘적 의미와의 관계 속에서 ≪질≫이라는 의미적 역할을 담당하며, 주어에 제시된 사람·사물·동식물의 질을 규정하는, 즉 본질적 특징을 설명하는 기능을 하고 있는 것이다. ≪질≫ 뿐만 아니라 ≪동작·변화·상태, 특성≫도 문법적 의미를 가리키고 있다는 점에서 같다. 이 용어들은 서술어에 위치한 동사·형용사·명사가 나타내는 어휘적 의미의 존재형식이 되는 문법적 의미를 뜻한다.

이 말은 ≪주체, 대상, 도구, 부착점, 제거 장소…≫ 등이 ≪동작≫과의 관계에서 보어에 위치한 명사의 의미적 역할을 나타낸다는 말과 같다. 다만 ≪동작·변화·상태·특성≫은 오히려 동사나 형용사의 일반적인 어휘적 의미(범주적 의미)를 가리키는 용어로서 통용되고 있기 때문에 이 용어들이 주어와의 관계에서 갖는 서술어의 의미적 역할을 가리키고 있다는 점을 쉽게 잊고 있는 것뿐이다. 그러나 단어의 어휘적 의미(범주적 의미) 그 자체가 문장의 구조성을 이어받고 있어서 동작·변화·상태, 특성도 주어와 떼어놓고는 존재할 수 없는 상관적 개념이다. ≪주체≫가 서술어의 의미와 떼어 놓고는 존재할 수 없는 것과 같다.

명사의 일반적인 어휘적 의미인 ≪사물·사람·동식물…≫과 주어로 쓰인 명사의 의미적 역할을 가리키는 용어인 ≪주체·동작주·소유주≫나 보어로 쓰인 명사의 의미적 역할을 가리키는 용어인 ≪객체·상대·도구…≫나 서술어로 쓰인 명사의 의미적 역할을 가리키는 용어인 ≪질≫을 구분 지어 나타내는 것과 마찬가지로 ≪동작·변화·상태≫라는 용어는 동사의 일반적인 어휘적 의미를 가리키는 경우와 서술어로 쓰인 동사의 의미적 역할을 가리키는 경우가 있으니 주의해야 한다. 또한 ≪동작·변화·상태·특성·관계·질≫은 서술어의 의미유형을 가리키는 용어로도 문장의 의미유형을 가리키는 용어로도 쓰인다.

품사	일반적 어휘적 의미 (범주적 의미)	문법적 (구문적) 의미		
		주어	보어	서술어
명사	사물·사람·동물…	주체·동작주 ·소유주	객체·상대 ·도구	질
동사	동작·변화·상태…			동작·변화 ·상태
형용사	상태·특성			상태·특성

(4) 상태·특성·질의 상호이행

특성이 때로는 일시적 현상으로 이행하는 경우도 있으나 질은 이행하지 않는다(おかあさんはやさしい。おかあさんはきょうはやさしい。おかあ

さんはきょうは病気だ。*おかあさんはきょうはおこりんぼだ). 특성을 중앙에 두고 상태와 질을 그 좌우에 배치해서 이들 세 유형 간의 상호이행과 그 한계를 확인할 수 있다.

奥田(2015)에서는 명사술어문은 기본적으로는 질을 나타낸다고 규정하여 동사술어문에서부터 상태형용사문·특성형용사문, 명사술어문에 이르기까지 다양한 문장을 시간적 한정성이라는 척도에 놓고 연속체로 파악할 수 있도록 만들었다.

규칙 4

주체의 동작, 변화, 상태나 특성, 질을 나타내는 문장성분을 서술어라고 한다. 동작, 변화, 상태나 특성, 질의 주체를 제시하는 문장성분을 주어라고 한다.

주어	서술어
동작의 주체	주체의 동작
カラスが	とぶ。
변화의 주체	주체의 변화
たんぽぽが	さく。
상태의 주체	주체의 상태
星が	かがやく。
특성의 주체	주체의 특성
レモンは	すっぱい。
질의 주체	주체의 질
トマトは	やさいだ。

(1) 진술성의 표현수단으로서의 주어와 서술어의 조합

규칙 1~3에서 동사, 형용사, 명사가 모두 명사와 조합해서 문장이 완성되는 경우 ≪동작·변화·상태, 특성, 질≫과 이것들의 ≪주체≫와의 관계가 형성되는 경우를 보았다. 규칙 4에서는 이 모두를 포괄하는 용어로 ≪주어≫와 ≪서술어≫를 도입한다.

특정한 시점에 특정한 화자가 が격 명사와 동사를 이 어순대로 배치할 때 화자는 사건을 묘사하는 행위와 청자에게 그 사건을 전달하는 행위를 동시에 수행한다. 이 조합(=문장)에 묘사된 사건(문장의 대상적 내용)은 화자가 청자에게 전달해야 하는 내용으로서 만들어낸 사건이다. 〈전달한다〉는 화자의 태도(모달리티 modality)를 빼놓고서는 이 조합은 성립하지 않는다. 이 문장에서의 〈(화자가) 전달한다〉는 의미는 우선 명사와 동사와의 조합이 표현하고 있는 것이다. 이러한 종류의 명사와 동사의 조합이 만들어내는 결합을 ≪진술적 결합≫이라 하고 ≪종속적 결합≫, ≪병렬적 결합≫[3]과는 구별한다. 주어가 되는 명사와 서술어가 되는 동사의 조합, 명사와 동사의 배치 방법은 진술적 의미 중 하나인 모달리티의 기본적 표현수단이다.

(2) 서술어가 되는 전형적 단어, 동사

운동(동작·변화·상태)을 나타내면서 ≪서술≫의 기능을 하는 전형적인 단어가 동사이다. ≪서술≫의 기능을 수행하기 위한 도구로서 동

---

3) ≪연어(連語)≫란 둘 또는 세 단어로 이루어진 조합을 말한다. 이 조합에는 단어 사이의 결합방식에 따라 세 종류의 타입이 있다. ①진술적 결합(predicative) 「太郎が　おどる」, ②종속적 결합(subordinative) 「村へ　かえる」, ③병렬적 결합(coordinative) 「太郎と　花子」. 자세한 내용은 鈴木(1972), 言語学研究会編(1983)을 참조 바란다.

사, 특히 동작동사는 무드·텐스·애스펙트의 문법적 형태를 완전히 갖추고 있다. 동사가 취하는 무드·텐스·애스펙트와 같은 문법적 형태는 동사를 서술어로 하는 문장의 진술적 의미인 모달리티와 템포랠리티(tempolality)[4]의 기본적 표현수단이다.

(3) 진술적 결합 속의 명사

서술어가 되는 동사와의 조합에서 주어가 되는 명사는 단순하게 ≪동작·변화·상태의 주체≫에 그치지 않고 이미 진술성을 지니고 있다. 이 조합에서 제시되는 ≪주체=사람이나 사물≫은 발화하는 순간 화자의 눈앞에 존재하는 경우도 있고, 과거나 미래에 존재하는 경우도 있으며 화자의 상상 속에만 존재하는 경우도 있다. 그러한 사람·사물을 제시하는 명사가 서술어가 되는 동사와 조합하는 것이다. 주어와 서술어의 조합은 발화 장면에 화자가 놓인 구체적 조건을 표현하고 있기 때문에 진술적이다. 화자의 태도나 시간의 의미를 벗어나서는 이러한 종류의 조합은 존재할 수 없다. 주어와 서술어를 조합하는 것 자체가 이미 진술적 의미의 표현수단이지만, 이 의미는 주로 서술어에 위치하는 단어가 나타낸다. 무드·텐스·애스펙트의 복잡한 체계가 동사에 발달하는 것은 바로 이 때문이다.

---

4) 단어 레벨의 〈문법적=형태론적 범주〉를 ≪텐스(tense)≫라고 하면, 문장 레벨에서 형태론적·구문론적·어휘론적 수단으로 나타내는 〈기능·의미론적 범주〉를 ≪템포랠리티(temporality)≫라고 한다.

(4)「が」와「は」 –주어와 시간적 한정성–

시간적으로 전개하는 동작·변화를 묘사하는 동사술어문의 주어는「が」의 형태를 취한다(汽車がきた、木がたおれた). 시간적 전개가 없는 항상적인 사람, 사물의 질을 나타내는 명사술어문의 주어는「は」의 형태를 취한다(たろうは中学生だ). 형용사술어문의 주어는 일시적 상태를 묘사할 때는「が」의 형태를 취하고(手がつめたい), 항상적 특성을 나타낼 때에는「は」의 형태를 취한다(雪はしろい). 동사술어문이라도 항상적 특성을 나타낼 때에는 주어는「は」의 형태를 취한다(霜は朝はやくおりる). 이러한 규칙을 깨고 단문의 주어에「は」나「が」를 쓸 때에는 toritate성이 나타난다(汽車はきた、たろうが中学生だ、手はつめたい). 특성형용사도 상태형용사로서 쓰이는 경우도 있다(雪がしろい).

일본어에서는 시간적 한정성의 의미는 주어로 쓰이는 명사의 형태뿐만 아니라 텐스·애스펙트의 형태, 문장에서 쓰이는 명사류의 지시적 성격(개별, 종류, 일반 등), 동사어휘, 시간부사 등 다양한 수단을 통해 표현되지만 시간적 한정성을 위한 전용수단은 없다.

규칙 5

문장에서 동사를 사용할 때 그 동사는 명사를 지배할 수 있다. 그때 명사는 동작, 변화, 상태에 있어 필요한 사람이나 사물을 나타낸다.

花子は　パンを　やいた。

花子は　ナイフで　パンを　きった。

花子は　たろうに　パンを　あげた。

花子は　パンに　バターを　ぬった。

(1) 연어와 문장

동사 중에는 의미적 완결성을 위해서 다른 단어를 지배(government)하는 것들이 있다. 직접대상과 결합하는 타동사가 그 전형적 사례이지만, 이 타동사들 중에는 간접대상과도 조합하여 다양한 결합을 만드는 동사들도 있다. 예를 들어 「かべをペンキでぬる」「パンにバターをぬる」「たなから本をとる」「倉庫ににもつをはこぶ」는 각각 〈형태변화〉〈부착〉〈제거〉〈운반〉이라는 구조적 유형을 형성하고 있는데, 이 연어들이 문장에 삽입되면 각각의 요소=대상은 문장구조의 관점에서 보어로서 새로운 의미를 부여받는다.

(2) 문장성분으로서의 보어

주어와 서술어의 결합이 진술적인 것에 반하여 단어의 결합능력에서 유래하는 문장성분의 결합은 종속적이다. 문장 안에서 주어와 서술어는 대등한 관계이며 서로가 서로를 상호규정하고 있는 것에 반해 보어와 서술어의 결합은 1차성분인 서술어의 존재가 전제되어 있다.

(동작에 필요한 대상)

ノートに　ペンで　名まえを　かく。

(변화에 필요한 대상)

テーブルに　お茶が　こぼれた。

先生が　教室に　もどった。

(상태에 필요한 대상)

たまござけは　かぜに　よく　ききます。

あかい　セーターは　花子に　よく　にあいます。

この　くつは　花子には　おおきすぎる。

母は　その　しらせに　おどろいた。

규칙 6

문장에 동사를 사용할 때 그 동사는 부사를 지배할 수 있다. 그때 부사는 동작, 변화, 상태의 모습이나 정도를 나타낸다.

わたしは　パンを　たくさん　きった。

花子に　はんぶん　あげた。

花子は　パンに　バターを　すこし　ぬった。

わたしは　たっぷり　ぬった。

花子は　パンを　ゆっくり　たべた。

わたしは　ぱくぱく　たべた。

(1) 품사로서의 부사

부사는 동사를 수식해서 동작·변화·상태의 모습이나 정도를 나타낸다. 활용이나 곡용 체계를 갖지 않는다. 즉 어형변화를 하지 않는다. 부사의 구문적 위치는 동사 앞에 위치하는 것이며, 이 어순이 부사의 의미·기능을 형식적으로 표현한다. 부사가 형태론적으로 형태가 발달하지 않은 것은 연용수식어로 밖에 기능하지 않는 단순함에 기인한다. 부사는 형용사에서(はやく、するどく、じょうずに), 동사에서(とんで、たえず、おもわず), 명사에서(ななめに、徒歩で、平手で) 만들어진다. 의성어·의태어(くるくる、ぽきぽき、ぐっしょり、ひりひり)도 부사이다. 이렇게 만들어지는 출처가 다양하다는 것이 부사의 특징이다.

(2) 부사의 어휘·문법적 계열

수식을 받는 동사는 자신의 의미를 구체화하기 위해 부사를 지배한다. 운동은 그 모습과 정도에 따라 특징지을 수 있다.

· 모습

(동작) ゆっくり　あるく、つよく　にぎる、
はげしく　たたく

(변화) あかく　むくむ、こなごなに　われる、
しだいに　やせる

(상태) ちいさく　ふるえる、はっきり　きこえる、
うすく　ひかる

·정도

(동작) たくさん　はこぶ、いくらか　そそぐ、

たんと　たべる

(변화) すこし　ひらく、はるかに　へだたる、

いっぱい　たまる

(상태) ひどく　よう、かるく　しびれる、

ちょくちょく　いたむ

규칙 7

문장에 명사를 사용할 때 그 명사는 형용사를 지배할 수 있다. 그때 형용사는 명사가 가리키는 사람이나 사물에 새로운 특징을 덧붙인다.

いじわるな　おじいさんが　すずめを　いじめた。

やさしい　おばあさんが　すずめを　たすけた。

わたしは　やわらかい　パンを　手で　ちぎった。

かたい　パンを　ほうちょうで　きった。

(1) 형용사와 명사의 조합

문장에서 명사가 어느 위치에 놓이고, 어떠한 문장성분이 되어, 어떠한 기능을 하는지와 상관없이 명사는 형용사를 지배할 수 있다. 「おおきな　とりが　えさを　さがしている」「こどもが　しろい　とりを　ながめている」「カラスは　かしこい　とりだ」에서 형용사는 각각 주어, 보어, 서술어를 수식하고 있다. 형용사는 명사의 존재를 전제로 하고 명사에 종속되어 있다. 형용사와 명사의 조합이 만들어내는 결합은 ≪종속적 결합≫이다. 규칙 7에서는 이러한 명사의 주도성과 형용사의 종속성을 「명사는 형용사를 지배할 수 있다」와 같이 설명하고 있다.

(2) 형용사가 덧붙이는 〈새로운 특징〉

명사가 가리키는 사람이나 사물, 동식물은 무수한 특징을 가지고 있다. 형용사는 사람이나 사물, 동식물이 갖고 있는 많은 특징 중에서 하나를 부각시켜 동류의 사람이나 사물, 생물 중에서 하나를 특정하거나 가리키는 범위를 한정하거나 한다. 이러한 형용사의 기능을 〈제한용법(きめつけ)〉이라 한다(「赤いコップをわたしました」「青い紙をあつめなさい」). 그 사람이나 사물 등이 이미 특정되어 있는 장면에서는 형용사는 그 사람, 사물 등에 새로운 특징을 덧붙인다. 이러한 형용사의 기능을 〈비제한용법(かざりつけ)〉이라 한다(やさしいおじいさんは、そのすずめをたすけたのでした).

● 규칙 8

문장에서 명사는 다른 명사를 지배할 수 있다.
그때 앞에 오는 명사는 뒤에 오는 명사가 가리키는 사람이나 사물이 다른 사람이나 사물과 갖는 관계를 나타낸다.

時計の　はりが　とまった。
時計の　でんちを　かえた。
うまの　しっぽは　ながい。
ぶたの　しっぽは　みじかい。
おとうさんは　木の　家を　たてた。
おじいさんは　レンガの　家を　たてた。

わたしは　紙の　コップで　水を　のんだ。

おとうさんは　ガラスの　コップで　水を　のんだ。

花子の　自転車は　あたらしい。

わたしの　自転車は　ふるい。

おかあさんの　おとうさんは　おじいさんだ。

おかあさんの　おかあさんは　おばあさんだ。

次郎は　太郎の　ともだちだ。

花子は　明子の　ともだちだ。

学校の　池に　コイが　いる。

公園の　池に　カメが　いる。

おかあさんは　アメリカの　りんごを　かって　くれた。

わたしは　日本の　りんごが　すきだ。

(1) 문법적 의미로서의 ≪관계≫

주어나 보어로 쓰이는 명사는 の격 명사를 지배할 수 있다. 이때 の격 명사는 연체수식어가 되는데 문장에서 피수식명사의 위치와 상관없이 の격 명사와 명사의 조합으로 만들어지는 연어를 추출할 수 있다. 연체수식어로서의 の격 명사의 기능을 이 정도로만 한정할 수는 없다 하더라도 가장 기본적인 문장에서 이러한 종류의 명사의 문법적 의미는 の격의 수식명사의 어휘적 의미와 피수식명사의 어휘적 의미의 결합에서 다룰 문제라 생각해도 좋다.

6. 정리

제3장에서는 명사·동사·형용사·부사의 네 품사를 조합해서 문장이 만들어지는 것에 대하여 설명하였다. 본 장에서는 아래와 같이 8가지의 규칙을 제시하였다.

① 명사는 주체를 동사는 동작·변화·상태를 나타낸다 (동사술어문의 의미구조)
② 명사는 주체를 형용사는 특징을 나타낸다 (형용사술어문의 의미구조)
③ 명사는 주체를 명사는 질을 나타낸다 (명사술어문의 의미구조)
④ 주체를 제시하는 부분은 주어라고 하고, 동작·변화·상태, 특성·질을 나타내는 부분은 서술어라고 한다 (주술관계)
⑤ 동사는 명사를 지배한다 (보어=명사 : 필요한 대상)
⑥ 동사는 부사를 지배한다 (연용수식어=부사 : 모습·정도)
⑦ 명사는 형용사를 지배한다 (연체수식어①=형용사 : 새로운 특징)
⑧ 명사는 다른 명사를 지배한다 (연체수식어②=명사 : 관계)

연습문제

1. 명사와 동사를 조합하여 동작, 변화, 상태를 나타내는 문장을 만드시오.

2. 명사와 형용사를 조합하여 상태와 특성을 나타내는 문장을 만드시오.

3. 명사와 명사를 조합하여 질을 나타내는 문장을 만드시오.

4. 만든 문장의 주어와 서술어에 명사, 형용사, 부사를 추가하여 확장된 문장을 만드시오.

〈참고문헌〉
荒正子(1989)「形容詞の意味的なタイプ」言語学研究会編『ことばの科学3』, むぎ書房
奥田靖雄(1981)「品詞のこと」(未公刊)
奥田靖雄(1984)『ことばの研究・序説』, むぎ書房
奥田靖雄(1988)「述語の意味的なタイプ」奥田靖雄(2015)『奥田靖雄著作集2 言語学編(1)』, むぎ書房
奥田靖雄(1993)「動詞の終止形(1)」『教育国語』2-9, むぎ書房
奥田靖雄(1994)「動詞の終止形(2)」『教育国語』2-12, むぎ書房
奥田靖雄(1994)「動詞の終止形(3)」『教育国語』2-13, むぎ書房
奥田靖雄(1996)「文のこと−その分類をめぐって—」『教育国語』2-22, むぎ書房
喜屋武政勝(2003)「『小学生のための日本語』第1章への解説」『教育国語』4-4, むぎ書房
工藤真由美編(2007)『日本語形容詞の文法一標準語研究を超えて—』, ひつじ書房
言語学研究会編(1984)『日本語文法連語論・資料編』, むぎ書房
佐藤里美(1997)「名詞述語文の意味的なタイプ」『ことばの科学8』, むぎ書房
鈴木重幸(1972)『日本語文法・形態論』, むぎ書房
鈴木重幸(1992)「主語論をめぐって」言語学研究会編『ことばの科学5』, むぎ書房
新川忠(1979)「副詞と動詞とのくみあわせ試論」言語学研究会編『言語の研究』, むぎ書房
樋口文彦(1996)「形容詞の分類一状態形容詞と質形容詞—」言語学研究会編『ことばの科学7』, むぎ書房
八亀裕美(2007)「形容詞研究の現在」(工藤真由美(2007)に所収), ひつじ書房

제4장

조사 (1)

1. 도입

제4장에서는 ≪격조사≫가 붙은 명사의 형태론적 형식이 나타내는 의미적 결합을 다루며, 특히 규칙 3부터 규칙 9까지는 서술어가 되는 동사와 명사의 연용격을 중심으로 동사와의 결합 속에서 명사의 격이 나타내는 의미적 역할에 대해 다룬다.

2. 의미적 결합과 어휘적 의미

〈제2장 단어〉의 규칙 4에서는 명사를 어휘적 의미에 의거하여 단어를 다음과 같이 규정하였다.

> 단어는 우리 주변의 사람, 사물, 동식물을 지시한다. 이러한 단어를 명사라고 한다.

명사가 사람이나 사물, 동식물을 나타내는 것은 명사의 어휘적 의미에서 중심적인 것, 즉 기본적인 것이다. 명사의 어휘적 의미는 문장 안에서 다른 단어와 함께 만드는 의미적 결합에서 명사가 수행하는 역할과 기능의 근거가 되기도 한다.

다른 단어와 함께 만드는 의미적 결합 속에서 명사가 맡고 있는 역할을 나타내는 형태론적 카테고리를 ≪격≫이라고 한다. 명사가 문장에 사용될 때에는 특정한 격을 취하여 다른 단어와 결합하는데, 일본어에서는 명사 뒤에 격조사를 붙여 만들어진 격이 명사의 의미적 역할을 표현하는 형태론적 형식이다.

제4장에 들어가기에 앞서 명사가 사람, 동식물, 사물을 나타내는 품사라는 사실을 이해할 필요가 있다. 명사에는 그 이외에도 장소를 나타내는 공간명사, 시간을 나타내는 시간명사, 사건 등의 추상적 의미를 나타내는 사건명사 등이 있다. 명사의 격이 나타내는 여러 가지 의미적 결합을 이해하기 위해서는 명사의 어휘적 의미를 분류할 필요가 있다.

단어의 의미적 결합은 우선 단어의 어휘적 의미가 다른 단어의 어휘적 의미와 결합하면서 실현된다. 형태변화동사 「切る」는 동작의 대상 「木、布、野菜、紙、…」에 영향을 주어서 대상의 상태를 변화시키지만, 객체의 성질에 따라서 도구인 「のこぎり、はさみ、包丁、…」와 결합한다. 예를 들어 「おとうさんが　のこぎりで　木を　切る」라는 문장에서 が격인 「おとうさん」이 동작 주체로 표시되며 형태변화동사 「切る」가 서술어로 나타나있는데, 이때 서술어인 형태변화동사 「切る」는 도구를 나타내는 で격인 「のこぎりで」와 동작의 대상을 나타내는 を격인 「木を」를 지배하여 의미적 결합이 완성된다. 의미적 결합의 실현에 있어서 서술어가 되는 동사의 어휘적 의미는 특히 중요하다. 사람이나 동물 등 유정물의 존재를 나타내는 동사「いる」는 그 주체를 나타내는「おかあさんが、おとうさんが、先生が、ともだちが、…」등의 が격인 사람명사와 결합될 뿐만 아니라, 그 존재 장소를 나타내는「家に、台所に、会社に、学校に、…」와 같은 に격의 공간명사와도 결합할 수 있다. 수수동사「貸す」의 의미를 완성시키기 위해서는 주고받는 사물뿐 아니라 주고받는 〈상대방(사람)〉이 필요하다. 실제 대화에서는「みよこは　あきらに　本を　貸す」와 같은 문장으로 나타나며, 수수동사「貸す」와의 결합에서 주고받는 사물인「本」이 を격의 형태로 나타나고 주고받는 상대방인「あきら」가 に격의 형태로 나타나면서 상호적인 의미적 결합이 표현된다. 이동동사「行く」의 의미를 완성시키기 위해서는 〈목적지〉가 필요하다.「ぼくは　海に　行く」의 문장에서 동사「行く」는 に격인 공간명사「海に」와 함께 사용되고 있다.「海に」는 이동동사「行く」와 결합하면서 〈목적지〉를 나타낸다.

3. 격 조사-명사의 형태론적 형식

규칙 1

명사를 문장 안에서 사용할 때는 그 명사의 뒤에「が」「は」「を」「に」「へ」「で」「と」「から」「まで」와 같은 것을 붙인다. 이것들을 조사라고 한다. 조사는 명사를 다른 단어와 결합하게 한다.

명사는 문장 속에서 일정한 역할을 부여받아 다른 단어와 의미적으로 결합한다. 명사의 구문적 기능 및 다른 단어와의 의미적 결합에 있어서 명사의 역할은 명사 뒤에 조사(교착적 접미사)를 붙이는 방식

으로 표현된다. 일본어는 「が」「は」「を」「に」「へ」「で」「と」「から」「まで」 등의 조사를 붙이는 방식으로 명사의 형태론적 형식이 발달되었다.

규칙 1에서 「が」「は」「を」「に」「へ」「で」「と」「から」「まで」를 ≪조사≫라고 부르고 있다. 「おばあさんが　米で　あまざけを　つくる」라는 문장에서는 「おばあさん」「米」「あまざけ」「つくる」의 네 개의 단어가 사용되었다. 이 문장 속에서 조사 「が」를 붙인 사람명사 「おばあさん」이 의지적 동작의 주체이고, 조사 「を」를 붙인 「あまざけ」가 동작의 결과로서 만들어지는 생산물이다. 그리고 조사 「で」를 붙인 「米」도 재료로써 문장 안에서 의미적 결합을 만들고 있다. 명사 「米」는 조사 「で」가 붙어 재료로서의 역할이 표현된다.

「きこりが　のこぎりで　木を　切る」라는 문장에서는 작용을 받는 대상인 「木」의 성질(어휘적 의미)에 따라 조사 「で」를 붙인 「のこきりで」가 도구로서 기능한다.

격조사가 붙은 형태는 의미적 결합 속에서 명사의 역할을 표현하는 수단이며, 명사의 문법적 형식이다. 그러나 격조사가 붙지 않은 무조사 명사가 존재하고 있는 것으로도 알 수 있듯이 명사에 있어서 격조사가 유일하고 절대적인 문법 형식이 아니며, 어휘적 의미와 함께 단어의 구문적 위치도 문법적 의미를 표현하는 문법 형식으로 인정해야 한다.

제4장에서는 동사와 결합하는 격 형식을 중점적으로 다루고 있기 때문에 형용사와 결합하는 より격 명사는 다루지 않는다. 또한 「駅にちかい」「学校から　とおい」와 같이 형용사는 に격 명사와 결합되거나 から격 명사와 결합되기도 하지만, 여기에서는 다루지 않는다.

조사가 붙지 않은 형태(무조사의 명사)도 문장 속에서 문장성분이 되어 구문적 기능과 구문적 의미를 나타내며 다른 단어와의 의미적 결합을 나타내지만, 이번 장에서는 다루지 않는다.

명사는 문장 속에서 다른 명사와 함께 쓰여 사람과 사물과의 관계를 나타낸다. 그때 앞에 놓인 명사는 조사 「の」가 붙은 の격을 취한다. 명사(체언)와 결합하는 명사의 형식을 연체격이라고 하고, 동사나 형용사(용언)와 연결되는 명사의 형식을 연용격이라고 한다. 연체격이 만드는 의미적 결합과 연용격이 만드는 의미적 결합은 크게 다르다. 연체격 명사와 명사가 만드는 의미적 결합에 대해서는 이번 장에서 다루지 않겠다.

4. 주어가 되는 명사의 형식

규칙 2

명사가 주어가 될 때에는 그 명사 뒤에 조사 「が」를 붙이거나 조사 「は」를 붙인다.

さくらが　さいた。	さくらは　さいた。
カラスが　ないた。	カラスは　ないた。
ふじさんが　きれいだ	ふじさんは　きれいだ。
たいようが　まぶしい。	たいようは　まぶしい。
太郎が　ピッチャーだ。	太郎は　ピッチャーだ。
次郎が　キャッチャーだ。	次郎は　キャッチャーだ。

명사와 동사를 조합해서 만드는 문장의 주어가 되는 명사는 〈동작·변화·상태의 주체〉를 나타낸다. 「さくらが　さいた」에서도 「さくらは　さいた」에서도 주어가 되는 명사 「さくら」는 서술어 「さく」가 나타내는 변화의 주체를 나타낸다. 「カラスが　ないた」에서도 「カラスはないた」에서도 주어가 되는 명사 「カラス」는 서술어 「なく」가 나타내는 동작의 주체를 나타낸다. 명사와 동사의 조합이 나타내는 의미적 결합 속에서 명사에 조사 「が」를 붙이든 「は」를 붙이든 동작이나 변화나 상태의 주체를 나타내는 의미적 역할에는 변화가 없다.

명사와 형용사를 조합해서 만드는 문장의 주어가 되는 명사는 〈특징의 소유주〉를 나타낸다. 주어가 되는 명사에 조사 「が」를 붙이든 「は」를 붙이든 특징의 소유주를 나타낸다는 의미적 역할에는 변화가 없다. 명사와 명사를 합쳐서 만드는 문장의 주어가 되는 명사는 〈질(質)의 소유주〉를 나타낸다. 마찬가지로 주어가 되는 명사에 조사 「が」를 붙이든 「は」를 붙이든 질(質)의 주체를 나타낸다는 의미적 역할에는 변화가 없다.

이와 같은 문장에서는 ≪조사≫인 「が」 「は」가 붙은 명사가 서술어 앞에서 놓여 〈테마의 제시〉라는 구문적 기능을 수행하면서, 서술어가 나타내는 동작, 변화, 상태, 특성, 질(質)의 〈소유주〉로서의 의미적 역할을 담당하고 있다.

5. 동사의 지배를 받는 명사의 형태와 의미적 결합

이하의 규칙 3부터 규칙 9까지는 동사와 결합하는 명사의 연용격을 다룬다. 규칙 1에서 설명한 조사 가운데 「が」와 「は」를 제외한 「を、に、へ、で、と、から、まで」가 붙은 명사는 동사의 의미적 완

성을 위해서 동사의 지배를 받는다. 이 점은 제3장의 규칙 5에서 다음과 같이 설명하고 있다.

> 문장에서 동사를 사용할 때에는 그 동사는 명사를 지배할 수 있다. 그때 명사는 동작, 변화, 상태에 있어 필요한 사람이나 사물을 나타낸다.

동작, 변화, 상태의 성립에 필요한 사람이나 사물을 제시하고 동사의 의미를 보완하는 문장성분을 보어라고 한다. 타동사가 표현하는 움직임을 나타내는 데 필요한 사람이나 사물을 나타내는 것은 を격 명사의 중요한 역할이다.

보어 중 타동사가 나타내는 작용을 직접 받는 것을 직접대상이라고 한다. 여기에서는 〈동작의 대상〉이라고 하겠다. 〈동작의 대상〉은 조사「を」를 붙여서 표현한다. 사람이나 사물의 동작, 변화, 상태의 실현에 추가되는 그 외의 대상은 간접대상이라고 한다. 간접대상은 조사「に、へ、で、と、から、まで」가 붙은 명사로 나타나며 〈상대〉, 〈부착점〉, 〈목적지〉, 〈장소〉, 〈도구〉, 〈재료〉 등이 있다.

동작의 성립에는 직접적으로 관여하지 않고 사건의 배경이 되는 문장성분으로 상황어가 있다. 상황어는 문장이 나타내는 사건이 언제, 어디에서, 왜, 무엇을 위해서 일어나는지를 나타내는 문장성분이다.

규칙 3

동사는 「を」를 붙인 명사를 지배할 수 있다. 「を」가 붙은 명사는 동작의 대상, 이동 장소를 나타낸다.

1) 동작의 대상

花子が　だいこんを　きった。
おかあさんが　さんまを　やいた。

花子が　犬を　なでた。
明子が　たいこを　たたいた。

太郎が　かべに　絵を　はった。
次郎が　ノートから　シールを　はがした。

明子が　きょうしつに　つくえを　はこんだ。
太郎が　トラックから　にもつを　おろした。

2) 이동 장소

次郎が　ろうかを　はしった。
ひこうきが　空を　とんだ。

車が　橋を　わたった。
電車が　トンネルを　ぬけた。

타동사가 나타내는 어휘적 의미의 다양성을 반영하여, 타동사와 を격 명사가 만드는 의미적 결합도 다양하다. 이 의미적 결합은 인간

이 대상에게 가하는 작용 및 인간과 대상이 맺게 되는 관계의 다양성도 반영하고 있다.

타동사가 대상에 가한 행위는 타동사의 어휘적 의미 및 대상이 되는 명사의 어휘적 의미의 성격 차이에 따라 〈사물(もの)에 가하는 행위〉, 〈사람(ひと)에게 가하는 행위〉, 〈추상물(こと)에 가하는 행위〉의 세 가지로 크게 나눌 수 있다.

〈사물(もの)에 가하는 행위〉

外ではくるみを割る音がしていた。

〈사람(ひと)에게 가하는 행위〉

花子は、じょうだんをいって二人を笑わせた。

〈추상물(こと)에 가하는 행위〉

現代の社会は人間性をゆがめるようになった。

(1) 〈동작의 대상〉

아래의 예문에서는 주어로 제시된 사람이 구체적인 동작의 주체가 되어 사물에 가하는 행위를 나타내고 있다. 동사가 나타내는 물리적·구체적 동작의 대상이 を격 명사로 나타난다.

「おとうさんが　だいこんを　きった」「おかあさんが　さんまをやいた」의 문장에서는 대상에 어떠한 변화를 일으키는 형태변화동사의 영향을 받아 변화하는 대상이 を격 명사로 나타나있다.

「花子が　犬を　なでた」「明子が　たいこを　たたいた」의 문장

에서는 물리적으로 힘을 가하여 대상을 변화시키는 과정 속에서 대상의 변화에는 직접적으로 관여하지 않는 접촉 단계를 나타내는 〈접촉〉동작의 대상이 を격 명사로 나타나 있다.

「太郎が　かべに　絵を　はった」의 문장에서는 부착동사 「はる」가 を격 구체명사 「絵を」와 함께 쓰이고 있다. を격 명사로 나타나는 「絵」(사물)가 に격 명사인 「かべに」(간접대상)에 부착된다. 부착동사에는 「ぬる、かぶせる、とりつける、くわえる、刺す、まぶす」 등이 있다. を격 명사로 나타나는 사물(직접대상)은 に격 명사로 표시된 〈부착점〉(간접대상)에 접촉, 부착, 포함, 관통 등의 방법을 통해 부착된다.

「次郎が　ノートから　シールを　はがした」의 문장에서는 제거동사 「はがす」가 서술어로 を격 명사로 나타나는 사물 「シールを」와 함께 쓰이고 있다. 이 결합 속에서 を격 구체명사는 〈제거되는 것〉을 나타낸다. 제거동사와 を격 구체명사(직접대상)와의 결합에 から격 명사가 첨가되는 경우, から격 명사는 〈제거 장소〉를 나타낸다. 제거동사에는 「はがす、おとす、とる、ぬく、はずす、きりはなす」 등이 있다.

「はこぶ、おろす」 등 운반동사가 を격 명사와 사용될 때, 공간적 의미를 가지는 に격, から격 명사와 함께 쓰여 문장이 확대되면 〈운반〉이라는 의미적 결합이 생긴다. 「明子が　きょうしつに　つくえを　はこんだ」「太郎が　トラックから　にもつを　おろした」의 문장에서는 を격 명사인 「つくえを」「にもつを」의 공간적인 위치 변화가 있었음을 나타내고 있다. 운반동사에는 「うつす、とどける、もどす、持ち出す、とっていく、もってくる」 등이 있다.

(2) 〈이동 장소〉

「走る、飛ぶ、歩く」등 이동 동작의 양태를 나타내는 자동사는 を격 공간 명사를 지배한다. 이때 を격 명사는 이동 동작의 장소를 나타낸다. 「わたる、(トンネルを)ぬける、越える、よこぎる」등 이동 동작을 표현하는 자동사도 を격 공간명사를 지배한다. 이때 を격 공간명사는 〈통과 장소〉를 의미한다.

규칙 4

동사는 「に」가 붙은 명사를 지배할 수 있다. 「に」가 붙은 명사는 부착점, 상대, 목적지, 소재지, 시간을 나타낸다.

1) 부착점

明子が　パンに　バターを　ぬった。

すずめが　電線に　とまった。

2) 상대

わたしは　おかあさんに　学校の　できごとを　はなした。

花子は　たろうに　本を　かした。

3) 목적지

次郎は　本屋に　いった。

おじさんは　会社に　でかけた。

4) 소재지

公園に　すべりだいが　ある。

花子は　家に　いる。

5) 시간

わたしは　日曜日に　海へ　いく。

8時に　家を　でる。

(1) 〈부착점〉

접착동사가 に격 사물명사를 지배할 때, 〈접착〉의 의미적 결합이 생긴다. 접착동사와의 결합에서 に격 사물명사는 〈부착점〉을 나타낸다. 접착동사가 「ぬる、貼る、かぶせる、とりつける、くわえる」 등 타동사인 경우, 주어가 되는 명사가 동작 주체가 되어 を격 명사로 제시된 사물(직접대상)을 に격 명사로 제시된 사물(간접대상)에 접착하는 것을 표현한다. 접착동사가 「とまる、さわる、のる、かぶさる、かみつく」 등 자동사인 경우 주어가 되는 사람이나 사물이 に격 명사로 제시되는 사물(간접대상)에 붙는 것을 나타낸다.

(2) 〈상대〉

「いう、はなす、こたえる、しらせる」 등 전달활동을 나타내는 동사가 조사 「に」가 붙은 사람명사와 쓰일 때, 「に」가 붙은 「おかあさんに、先生に」 등의 사람명사는 전달활동의 〈상대〉를 나타낸다. 전달활동의 동작과 그 〈상대〉가 만드는 의미적 결합에 전달내용을 나타내는 を격 명사가 더해진 세 단어의 결합이 만들어진다.

「あげる、くれる、貸す、売る」 등 수수동사가 조사 「に」를 붙인 사람명사와 함께 사용될 때, 「に」가 붙은 「太郎に、おとうとに、ともだちに」 등의 사람명사는 수수활동의 〈상대〉를 나타낸다. 수수동사의 어휘적 의미를 실현하기 위해서는 주고받는 사물(직접대상)을 나타내는 を격 명사와 주고받을 〈상대〉(간접대상)를 나타내는 に격 사람명사가 필요하기 때문에 세 단어의 결합을 만든다.

(3) 〈목적지〉

「行く、来る、でかける」 등 위치변화를 나타내는 이동동사가 조사 「に」를 붙인 공간명사와 쓰일 때, 「に」가 붙은 「本屋に、会社に、学校に、東京に」 등의 공간명사는 이동동작과의 결합에서 〈목적지〉를 나타낸다.

(4) 〈소재지〉

사람이나 사물의 존재를 나타내는 동사 「いる、ある」는 그 존재의 소재를 나타내는 に격 공간명사와 결합할 수 있다.

(5) 〈시간〉

「日曜日に、8時に、6月23日に、2008年に」 등 조사 「に」를 붙인 시간명사가 동사와 결합될 때, に격 시간명사는 동작이나 변화가 일어나는 〈시간〉을 나타낸다. に격 시간명사와 동사의 결합은 약하며 제한이 적다.

「きょう·あした·きのう、今週·来週·先週、今月·来月·先月、ことし·らいねん·きょねん」 등의 시간명사는 조사를 붙이지 않은 무조사의 형태로 나타난다.

- **규칙 5**

목적지를 나타내는 「に」는 「へ」로 바꿀 수 있다.

わたしは　本屋に　いった。
わたしは　本屋へ　いった。

おにいさんは　会社に　でかけた。
おにいさんは　会社へ　でかけた。

- **규칙 6**

동사는 「で」를 붙인 명사를 지배할 수 있다. 그때 명사는 도구, 재료, 장소, 원인을 나타낸다.

1) 도구

花子が　はさみで　紙を　きった。
わたしは　コップで　お茶を　のんだ。

2) 재료

花子は　毛糸で　セーターを　あんだ。
おかあさんは　米で　あまざけを　つくった。

3) 장소

こどもたちは　すなばで　あそんだ。
太郎は　駅で　花子に　あった。

4) 원인

じてんしゃが　風で　たおれた。

次郎が　かぜで　やすんだ。

(1) 〈도구〉

「花子が　はさみで　紙を　切る」의 문장에서 「紙を　切る」라고 하는 형태변화동작이 실현되기 위해서 변화대상 「紙」가 가지는 어휘적 의미의 규정을 받아, 조사 「で」를 붙인 「はさみで」는 「はさみで紙を　切る」라는 조합에서 도구로서 기능한다.

이와 같이 구체적인 동작을 나타내는 타동사가 を격 명사로 나타나는 직접대상에 영향을 줄 때, 그 동사는 동작의 실현, 실행을 돕는 〈도구〉, 〈수단〉을 나타내는 で격 명사와 함께 쓰일 수 있다. 또 「学校には　バスで　通っている」「向こう岸に　渡し舟で　渡った」와 같이 で격의 교통수단 명사는 이동 수단을 나타내어 이동 동작이 실현될 수 있도록 한다.

(2) 〈재료〉

「つくる、編む、(ご飯を)炊く、(湯を)わかす、(家を)建てる」 등의 생산동사가 を격 명사가 나타내는 생산물과 같이 사용될 때, 이 결합 속에서 조사 「で」를 붙인 「毛糸で、米で」 등이 재료로 추가되어 생산물을 만드는 결합이 만들어진다. 생산동사와 を격 생산물과의 결합에 추가된 で격 명사 「毛糸、米」 등은 조사 「で」를 붙임으로써 재료라는 것을 나타낸다.

(3) 〈장소〉

「すなばで、駅で、学校で、東京で」 등 조사 「で」를 붙인 공간명사가 동사와 결합될 때, で격 공간명사는 동작이나 변화가 일어나는 〈장소〉를 뜻한다. で격 공간명사는 동작이나 변화 등의 성립에는 직접적으로 관여하지 않고, 문장이 표현하는 사건이 성립하는 공간이라는 상황을 나타낸다. で격 공간명사와 동사의 결합은 약하다.

(4) 〈원인〉

자연현상, 생리현상을 나타내는 자동사가 문장의 서술어가 되고 현상·동작·상태를 나타내는 で격 사건명사와 함께 사용될 때, で격 명사는 자연현상, 생리현상의 발생·성립에 있어서 〈원인〉을 나타낸다.

규칙 7

동사는 「と」가 붙은 명사를 지배할 수 있다.
그때 명사는 상대, 동료를 나타낸다.

1) 상대

太郎は　次郎と　けんかした。

花子は　先生と　やくそくした。

2) 동료

わたしは　明子と　あそんだ。

花子は　次郎と　べんきょうした。

(1) 〈상대〉

「たたかう、けんかする、約束する、相談する」 등, 상호동작을 나타내는 동사가 조사 「と」를 붙인 사람명사와 같이 사용될 때, 「と」가 붙은 사람명사는 상호동작의 〈상대〉를 나타낸다.

(2) 〈동료〉

と격의 사람명사는 서술어로 쓰인 동사가 나타내는 하나의 동작을 함께하는 〈동료〉를 의미한다. 또한 と격의 명사가 「ことなる、似る」 등의 동사, 「そっくりだ、同じだ」 등의 형용사와 결합되면 〈비교 대상〉을 나타낸다.

その　うわさは　事実と　ことなる。

次郎は　なくなった　おじいさんと　そっくりだ。

규칙 8

동사는 「から」가 붙은 명사를 지배할 수 있다. 그때 명사는 출처, 제거 장소, 상대, 시작 시간을 나타낸다.

1) 출처

おにいさんは　6時に　会社から　かえります。

船が　みなとから　でました。

2) 제거 장소

わたしは　自転車から　かぎを　ぬきました。

わたしは　ポケットから　おかねを　だしました。

3) 상대

わたしは　おとうさんから　ノートを　もらいました。

わたしたちは　先生から　ももたろうの　話を　ききました。

4) 시작 시간

夏やすみは　7月21日から　はじまります。

太郎は　3時から　あそびました。

(1) 〈출처〉

「来る、出る、かえる、もどる、下りる」 등 위치변화를 나타내는 이동동사가 조사 「から」를 붙인 공간명사와 함께 사용될 때, 「から」가 붙은 「会社から、学校から、港から、東京から」 등의 공간명사는 이동동작과 결합하여 〈출처〉를 나타낸다.

(2) 〈제거 장소〉

「ぬく、はずす、はがす、とる」 등의 제거동작을 나타내는 타동사가 조사 「から」를 붙인 사물명사와 함께 사용될 때, 「から」가 붙은 「自転車から、くしから、ポケットから」 등의 명사는 제거동작과 결합하여 〈제거 장소〉를 나타낸다. 제거동작을 나타내는 타동사는 그 어휘적 의미의 실현을 위해서 제거된 대상을 나타내는 を격 명사를 필요로 하기 때문에, 〈제거 장소〉를 나타내는 に격 명사, 〈제거 대상〉을 나타내는 を격 명사로 이루어진 세 단어의 결합을 만든다.

(3) 〈상대〉

「もらう、買う、受け取る、借りる」 등의 수수동사와 조사 「から」가 붙은 사람명사가 함께 쓰일 때, 「から」가 붙은 「おとうさんから、先生から、ともだちから」 등의 사람명사는 수수활동의 〈상대〉를 나타낸다. 수수동사의 어휘적 의미의 실현을 위해서는 주고받을 사물을 나타내는 を격 명사와 주고받을 〈상대〉를 나타내는 から격의 사람명사가 필요하기 때문에 세 단어의 결합이 만들어진다.

전달활동을 나타내는 동사 「きく」가 조사 「から」를 붙인 사람명사와 같이 사용될 때, 「から」를 붙인 사람명사는 언어활동동사와의 결합에서 전달활동의 〈상대〉를 나타낸다. 전달활동동작과 그 〈상대〉가 만드는 의미적 결합은 전달내용을 나타내는 を격의 명사로 확대할 수 있다.

(4) 〈시작 시간〉

시간을 나타내는 から격 명사를 동작, 변화, 상태를 나타내는 동사와 함께 사용할 때, から격 시간명사는 동작이나 상태의 〈시작 시간〉을 나타낸다.

규칙 9

동사는「まで」가 붙은 명사를 지배할 수 있다. 그때 명사는 도착 지점이나 종료 시간을 나타낸다.

1) 도착 지점

太郎は　家から　学校まで　あるく。

おじさんは　山の　ちょうじょうまで　のぼった。

2) 종료 시간

わたしは　9時から　12時まで　学校で　べんきょうする。

次郎は　夕方まで　あそんだ。

(1) 〈도착 지점〉

「歩く、走る、泳ぐ」처럼 이동동작을 나타내는 동사가 공간을 나타내는 まで격 명사와 함께 사용될 때, まで격 공간명사는 이동동작의 〈도착 지점〉을 나타낸다. 예시를 들지는 않았지만「運ぶ、届ける、持ち上げる」처럼 대상을 공간이동시킨다는 의미를 나타내는 타동사가 공간명사와 함께 사용될 때 まで격 명사는 객체가 이동하는 〈도착 지점〉을 나타낸다.

(2) 〈종료 시간〉

시간을 나타내는 まで격 명사를 동작, 변화, 상태를 나타내는 동사와 함께 사용할 때 まで격 시간명사는 동작이나 상태의 〈종료 시간〉을 나타낸다.

연습문제

1. 다음 문장에서 조사「に」가 붙은 명사가 나타내는 의미로 가장 적절한 것은?

お姉さんと　<u>タクシーに</u>　乗った。

① 부착점

② 상대

③ 목적지

④ 소재지

2. 다음 문장에서 조사「で」가 붙은 명사가 나타내는 의미로 가장 적절한 것은?

<u>携帯で</u>　写真を　撮る。

① 도구

② 재료

③ 장소

④ 원인

3. 다음 중 밑줄 친 부분의 의미가 나머지 세 개와 다른 것은?

① パンを　食べた。

② グラウンドを　走った。

③ バターを　ぬった。

④ ジュースを　飲んだ。

4. 다음 문장에서 조사 「から」가 붙은 명사가 나타내는 의미로 가장 적절한 것은?

イギリスから　来ました。

① 출처

② 제거 장소

③ 상대

④ 시작시간

5. 다음 중 조사 「と」가 붙은 명사가 상호동작을 성립시키기 위해 필요한 〈상대〉를 나타내는 예문으로 적절한 것은?

① お姉さんと　映画を　見た。

② 敵と　たたかった。

③ みよちゃんと　あそんだ。

④ 息子と　動物園に　行った。

제5장

조사 (2)

제5장에서는 격조사「に、へ、で、と、から、まで」의 뒤에 toritate(とりたて)조사인「は、も」가 첨가된 형태와 주어가 되는 명사에 붙는「は」와「が」의 의미적 차이에 대해 다룬다.

1. 진술적 관계

단어의 어휘적 의미는 문장 안에서 다른 단어의 어휘적인 의미와 구조적으로 결합되어 ≪문장의 대상적 내용≫을 구성한다. 화자는 대화 장면 안에서 ≪문장의 대상적 내용≫을 구체적인 현실 세계의 사건과 관계 짓는다. 이 관계(関係づけ)를 ≪진술적 관계 (陳述的なかかわり)≫라고 한다.

문장 안에서 단어의 의미는 현실과 관계 지어지며, 단어는 이 관계까지도 표현해야 한다. 예를 들면「개」와「짖다」를 조합하여 문장을 만들 때,「개」라는 단어가 현실 세계에서 가리키는 것은 특정한 개이거나 불특정한 개이거나 일반적인 개이거나 하겠지만, 이들의 차이를 전달할 필요가 있다.「개가 짖었다」의 주체는 특정한 개이며, 「개는 짖는다」의 주체는 일반적인 개이다. 「옆집 개는 요즘 자주 짖는다」는 특정 주체의 습관적인 동작을 나타내고 있다. (중략)

또 지시사를 사용해 특정 개에게 한정시킨다고 해도 「이 개는 짖는다」 「이 개도 짖는다」 「이 개만이 짖는다」 「이 개조차 짖는다」처럼 「이 개」 이외의 「다른 개」를 상정하면서 지정하거나 대비시키거나 공존을 나타내거나 하는 경우가 있다. ≪toritate(とりたて)≫라고 일컬어지는 이러한 현상도 단어의 어휘적 의미와 현실과의 관계를 나타내는 표현 중 하나이다.

佐藤里美(2007)

문장을 구성하는 재료인 단어는 ≪문장의 대상적 내용≫과 현실의 사건을 반영하는 ≪진술적 관계≫를 표현하기 위한 다양한 문법적 형식을 갖고 있다. ≪진술적 관계≫를 표현하기 위한 문법적 수단 중의 하나로서 ≪toritate≫라는 문법적 범주가 있다. 화자는 ≪문장의 대상적 내용≫을 구성하는 명사의 의미를 현실 장면이나 문맥에 주어진 〈동류의 집단(なかま)〉과 관계 지어 설명할 필요가 있을 때, 그 명사에 「は、も、さえ、だけ、しか」 등의 toritate조사를 붙인 toritate형으로 지정하여 부각하거나, 대비시켜 부각하거나, 〈동류의 집단(なかま)〉 안에 포함시키기도 하여, 단어가 지시하는 어휘적 의미와 현실과의 관계를 표현한다.

鈴木重幸(1972)에서 toritate 「は」가 붙은 명사의 toritate형은 ≪대비의 toritate≫를 나타내고, 「も」가 붙은 명사의 toritate형은 ≪공존의 toritate≫를 나타낸다고 하였다. 「は」가 붙은 명사의 toritate형은 다음과 같이 설명한다.

「は」의 toritate 형태(대비의 toritate)

이 형태는 기본적으로 명사가 가리키는 것을 현실의 동류의 사물(문맥이나 장면에 나타나 있거나 단순히 암시되어 있기도 하다)과 대비시키는 역할을 한다.

「は」도 「も」도 ≪toritate조사≫이며 이것이 붙은 형태를 ≪toritate형≫이라고 한다. 또한 「は」가 붙어 있는 형태의 기능을 〈동류의 집단 안에서 부각시키는〉 것으로 표현하고, 「も」가 붙어 있는 형태의 기능을 〈동류의 집단 안에 포함〉시키는 것으로 표현한다. 여기에서는 〈부각시키는〉 것을 약간 좁은 의미로 사용하고 있다.

2. 부각의 「は」

규칙 1

조사인 「に」「へ」「で」「と」「から」「まで」뒤에 「は」를 조합시켜 「には」「へは」「では」「とは」「からは」「までは」로 표현하는 경우가 있다. 이 때에는 명사로 나타나 있는 부분을 동류의 집단(なかま) 안에서 부각시킨다.

わたしは　太郎に　ガムを　あげました。
わたしは　太郎には　ガムを　あげました。

太郎は　東京へ　いった。
太郎は　東京へは　いった。

花子は　教室で　しずかに　べんきょうします。
花子は　教室では　しずかに　べんきょうします。

次郎は　太郎と　あそびます。

次郎は　太郎とは　あそびます。

わたしは　おかあさんから　おこづかいを　もらいます。

わたしは　おかあさんからは　おこづかいを　もらいます。

わたしは　3時まで　べんきょうします。

わたしは　3時までは　べんきょうします。

주어 이외의 문장성분이 되는 명사의 격형태에 「は」를 결합시킴으로써, 문장 안에서 명사가 가리키는 것과 현실 장면에서 상정할 수 있는 〈동류의 집단(なかま)〉 중에서, 지정하거나 대비시켜 그 장면에 주어진 〈동류의 집단〉과의 관계를 표현하고 있다. 위의 「わたしは　太郎には　ガムを　あげました」라는 문장에서는, 내가 껌을 줄 수 있는(わたしがガムをあげる) 〈상대〉가 다로(太郎) 이외에도 연상되고, 그 〈동류의 집단〉 안에서 다로가 〈상대〉로서 〈부각〉되고 있다.

「太郎は　東京へは　いった」라는 문장에서는 다로(太郎)가 향하는 〈목적지〉로 「東京(도쿄)」 이외 「京都(교토)、大阪(오사카)、横浜(요코하마)」 등이 연상되며, 그 〈동류의 집단〉 중에서 「東京」가 〈목적지〉로 선택되어 〈부각〉되고 있다. 「花子は　教室では　しずかに　べんきょうします」라는 문장에서는 하나코(花子)가 조용히 공부하는 〈장소〉가 〈부각〉되어 있고, 「次郎は　太郎とは　あそびます」라는 문장에서는 지로(じろう)가 함께 노는 상호동작의 〈상대〉로서 「太郎」가 〈동류의 집단〉 안에서 〈부각〉되고 있다. 「わたしは　おかあさんからは　おこづかいを　もらいます」라는 문장에서는 나(わたし)에게 용돈을 주는 〈상대〉로 연상되는 〈동류의 집단〉인 가족 중에서 엄마(おかあさん)가 〈부삭〉되고 있다.

3. 포함의 「も」

> **규칙 2**
>
> **조사인 「に」「へ」「で」「と」「から」 뒤에 「も」를 결합시켜 「にも」「へも」「でも」「とも」「からも」로 만들 수 있다. 이때에는 명사로 나타나 있는 부분을 동류의 집단(なかま) 안에 포함시킨다.**

太郎は　花子に　シールを　あげました。
太郎は　花子にも　シールを　あげました。

わたしは　社会科見学で　ビール工場へ　いきました。
わたしは　社会科見学で　ビール工場へも　いきました。

わたしは　マジックで　色を　ぬります。
わたしは　マジックでも　色を　ぬります。

次郎は　こうえんで　明子と　あそびました。
次郎は　こうえんで　明子とも　あそびました。

わたしは　おばあちゃんから　お年玉を　もらいました。
わたしは　おばあちゃんからも　お年玉を　もらいました。

규칙 2에서는 주어 이외의 문장 성분이 되는 명사 격에 「も」를 결합시킴으로써 문장성분인 명사가 가리키는 것과 현실과의 관계를 표현하는 〈포함〉에 관하여 다룬다. 화자는 ≪문장의 대상적 내용≫을 구성하는 단어의 의미를 현실 장면이나 문맥에 주어져 있는 같은 〈동류의 집단〉과의 관계 속에서 서술할 필요가 있을 때, 그 단어에 「も」를 붙여 〈동류의 집단〉 안에 포함시켜 단어가 나타내는 어휘적 의미와 현실과의 관계를 표현한다. 그렇게 해서 유사한 일이 그 명사로 나타나는 사물이나 상황에서도 성립된다는 것을 나타낸다.

예를 들면 위의 예문「太郎は　花子にも　シールを　あげました」처럼 다로가 스티커를 준 〈상대〉가 하나코 이외에도 공존한다는 것을 연상하면서, 하나코에게도 스티커를 줬다는 것을 표현하고 있다. 「わたしは　社会科見学で　ビール工場へも　いきました」에서는 사회과 견학으로 갔던 〈목적지〉가 「맥주 공장」 이외에도 공존하고 있다는 것을 연상하면서, 「맥주 공장」에도 갔다는 것을 표현하고 있다. 다른 예문들도 마찬가지이다.

규칙 3

조사 「を」는 부각할 때에는 「は」로 교체되고, 포함시킬 때에는 「も」로 교체된다.

きのう　おとうさんは　ワインを　のみました。
きのう　おとうさんは　ワインは　のみました。
きのう　おとうさんは　ワインも　のみました。

わたしは　トンカツを　たべました。
わたしは　トンカツは　たべました。

わたしは　トンカツも　たべました。

직접 대상, 이동 장소, 통과 장소를 나타내는 격조사 「を」를 「は」나 「も」로 교체함으로써 문장성분인 명사가 나타내고 있는 것과 현실과의 관계를 나타내는 〈부각〉과 〈포함〉이 표현된다. 타동사의 영향을 받는 〈동작의 대상〉을 나타내는 명사를 「は」로 부각시키고, 「も」로 포함시키는 것은 다른 격조사 「に」「で」「から」「まで」 등과도 동일하다. 하지만 격조사 뒤에 「は」나 「も」를 붙이는 것이 아니라, 「を」를 「は」나 「も」로 교체한다는 점에서 이들 격의 형태와 다르다.

「おとうさんは　ワインは　のみました」에서도 볼 수 있듯이 「を」를 「は」나 「も」로 교체함으로써 주어로 쓰인 동작, 변화, 상태, 특징의 주체를 나타내는 명사 「おとうさんは、わたしは」와 동작의 대상을 나타내는 명사 「ワインは、トンカツは」가 같은 형태로 나타나게 된다. 그러나 「おとうさん」「ワイン」「のみました」로 나타난 단어의 의미적 결합에서 「ワイン」과 「のみました」의 어휘적 의미의 결합과 「ワイン」이 타동사 직전에 배치되는 어순에 의해 「ワインは」가 동작의 대상을 나타내고 있음을 표현하고 있다. 「わたしは　トンカツは　たべました」 에서의 「トンカツは」도 마찬가지이다.

4. 주어 위치의 「が」와 「は」

이하의 규칙 4에서 규칙 8까지는 주어와 서술어의 조합에서 있어서 주어가 되는 명사가 「が」의 형태를 취하는 경우와 「は」의 형태를 취하는 경우의 ≪진술적 관계≫의 차이에 대해 다룬다. 명사술어문, 동사술어문, 형용사술어문의 의미구조마다 주어가 되는 명사의

「は」나 「が」의 표현방식에 차이가 있으므로 그 의미구조에 따라 다루겠다.

규칙 4

서술어가 명사일 때 주어가 되는 명사에는 「は」를 붙인다. 이 「は」를 「が」로 교체하면 <부각>을 나타낸다. 「も」로 교체하면 <포함>을 나타낸다.

きょうは　太郎は　給食当番だ。
きょうは　太郎が　給食当番だ。
きょうは　太郎も　給食当番だ。

太郎は　次郎の　ともだちだ。
太郎が　次郎の　ともだちだ。
太郎も　次郎の　ともだちだ。

명사와 명사를 조합하여 만든 명사술어문에서 서술어가 되는 명사는 서술어의 계사적 접미사 「ーだ」나 「ーです」와 붙여 ≪질≫이라는 의미적 역할을 나타낸다. 주어가 되는 명사는 〈소유자〉를 나타낸다. 「ペンギンは　鳥だ」「クジラは　哺乳動物である」 등의 명사술어문에 전형적으로 나타나듯이 명사술어문의 주어는 「は」를 취하며 명사술어가 의미하는 시간적 전개가 없는 항상적 본질의 소유자를 나타낸다.

이 원칙에서 벗어나 명사술어문의 주어에 「が」를 붙인 명사를 사용

하면 toritate성이 생겨서 동류의 집단 안에서 부각된다.

규칙 5

서술어가 동사일 때 주어가 되는 명사에는 「が」를 붙인다. 이 「が」를 「は」로 교체하면 <부각>을, 「も」로 교체하면 <포함>을 나타낸다.

おとうさんが　学校に　きた。
おとうさんは　学校に　きた。
おとうさんも　学校に　きた。

台風で　りんごが　おちた。
台風で　りんごは　おちた。
台風で　りんごも　おちた。

명사와 동사를 조합해 만든 동사술어문에서 서술어가 되는 동사는 동작이나 변화나 상태를 나타내고, 주어가 되는 명사는 동작이나 변화나 상태의 주체를 나타낸다. 시간적 전개가 있는 동작이나 변화를 나타내는 동사술어문의 주어는 「が」가 붙은 명사를 사용하여 동사술어가 나타내는 동작이나 변화의 주체를 나타낸다.

이 원칙에서 벗어나 동사술어문의 주어에 「は」를 붙인 명사를 사용하면 toritate성이 생겨나 동류의 단어 집단 안에서 부각된다.

おとうさんは　学校に　きた。
台風で　りんごは　おちた。

「も」를 붙이면 〈포함〉을 나타낸다.

台風で　りんごも　おちた。
おとうさんも　学校に　きた。

그러나 동사술어문에서도 「クジラは　およぐ」「ムササビは　とぶ」「日本人は　箸で　食べる」처럼 항상적 특성을 나타낼 때에는 주어는 「は」를 취한다. 이때 동사술어가 나타내는 동작이나 변화에 시간적 한정성이 없어져 주체나 객체가 일반화되기도 한다.

● **규칙 6**

서술어가 되는 형용사가 사람이나 사물의 특성을 나타낼 때, 주어가 되는 명사에는 「は」가 붙는다. 서술어가 되는 형용사가 사람이나 사물의 상태를 나타낼 때, 주어가 되는 명사에는 「が」가 붙는다.

1) 특성을 나타낼 때
くすりは　にがい。
チョコレートは　あまい。

さとう先生は　やさしい。
たろうは　よくばりだ。

2) 상태를 나타낼 때
きょうは　風が　つよい。
なみが　あらい。

海が　あおい。
太陽が　まぶしい。

명사와 형용사를 조합해 만든 형용사술어문에서 서술어인 형용사가 사람이나 사물에 주어진 시간적 전개가 없는 항상적 특성을 나타내고, 주어가 되는 명사가 특성의 주체를 나타낼 때 주어인 명사는 「は」를 취한다.

사람이나 사물의 일시적 상태를 나타내는 형용사술어문에서 주어가 되는 명사는 「が」를 취한다.

규칙 7

서술어가 형용사이고 주어가 되는 명사에 「は」가 붙어 있는 경우, 「は」를 「が」로 교체하면 <부각>을, 「も」로 교체하면 <포함>을 나타낸다.

さとう先生は　やさしい。
さとう先生が　やさしい。
さとう先生も　やさしい。

ひこうきは　はやい。
ひこうきが　はやい。
ひこうきも　はやい。

사람이나 사물의 특성을 나타내는 형용사술어문은 주어가 되는 명사는 「は」를 취하지만, 이 원칙에서 벗어나 주어가 되는 명사의

「は」를 「が」로 교체하면 〈부각〉을 나타낸다. 주어가 되는 명사를 「も」로 교체하면 〈포함〉을 나타낸다.

규칙 8

서술어가 형용사이고 주어가 되는 명사에 「が」가 붙어 있는 경우, 「が」를 「は」로 교체하면 부각을, 「も」로 교체하면 포함을 나타낸다.

ごはんが　あたたかい。
ごはんは　あたたかい。
ごはんも　あたたかい。

図書館が　さわがしい。
図書館は　さわがしい。
図書館も　さわがしい。

사람이나 사물의 일시적 상태를 나타내는 형용사술어문에서 주어가 되는 명사는 「が」를 취하지만, 이 원칙에서 벗어나 사람이나 사물의 일시적 상태를 나타내는 형용사술어문의 주어가 되는 명사의 「が」를 「は」로 바꾸면 〈부각〉을 나타낸다. 「も」로 바꾸면 〈포함〉을 나타낸다.

연습문제

1. 다음 중 toritate조사가 사용되지 않은 것은?

   ① じろうは　東京へは　いった。

   ② ぼくたちは　マジックでも　色を　ぬります。

   ③ 太郎が　トンカツを　たべました。

   ④ 山田先生が　やさしい。

2. 조사인 「に」「へ」「で」「と」「から」「まで」 뒤에 붙어 명사로 지시되고 있는 부분을 동류의 집단 중에서 부각시키는 조사를 쓰시오.

3. 조사인 「に」「へ」「で」「と」「から」「まで」 뒤에 명사로 지시되어 있는 부분을 동류의 집단 안에 포함시키는 조사를 쓰시오.

4. 서술어인 형용사가 사람이나 사물의 특성을 나타낼 때, 주어인 명사에는 조사 (　　　)를 붙인다.

5. 서술어인 형용사가 사람이나 사물의 상태를 나타낼 때, 주어인 명사에는 조사 (　　　)를 붙인다.

〈참고문헌〉

荒正子(1977)「まで格の名詞と動詞とのくみあわせ」『教育国語』50号, むぎ書房(言語学研究会編(1983)『日本語文法・連語論(資料編)』むぎ書房に所収)

荒正子(1975)「から格の名詞と動詞とのくみあわせ」『教育国語』50号, むぎ書房(言語学研究会編(1983)『日本語文法・連語論(資料編)』むぎ書房に所収)

大槻邦敏(1987)「「は」と「が」のつかいわけ」『教育国語』91号,むぎ書房

奥田靖雄(1978)「格助詞」『宮城教育大学・国語国文』9号(奥田靖雄(1985)『ことばの研究・序説』むぎ書房に所収)

奥田靖雄(1976)「言語の単位としての連語」『教育国語』45号,むぎ書房

奥田靖雄(1968～1972)を格の名詞と動詞とのくみあわせ(1)～(9)」『教育国語』12号～28号,むぎ書房(言語学研究会編(1983)『日本語文法・連語論(資料編)』むぎ書房に所収)

奥田靖雄(1967)「で格の名詞と動詞とのくみあわせ」言語学研究会報告プリント(言語学研究会編(1983)『日本語文法・連語論(資料編)』むぎ書房に所収)

奥田靖雄(1962)「に格の名詞と動詞とのくみあわせ」言語学研究会報告プリント(言語学研究会編(1983)『日本語文法・連語論(資料編)』むぎ書房に所収)

佐藤里美(2007)「文のくみたて−『小学生のためのにっぽんご』第3章解説−」教科研国語部会小原集会報告テキスト

菅原厚子(1995)「名詞の格−子どもたちにおしえるために−」『教育国語』2−16号, むぎ書房

鈴木重幸(1972)『日本語文法・形態論』,むぎ書房

渡辺友佐(1963)「へ格の名詞と動詞とのくみあわせ」言語学研究会報告プリント(言語学研究会編(1983)『日本語文法・連語論(資料編)』むぎ書房に所収)

제6장

사건의 시간

규칙 1

문장은 지금 있는 사건뿐 아니라 지금까지 있었거나 앞으로 있을 사건을 전달하기도 한다.

1) 지금 있는 사건

おかあさんは　いま　夕ごはんを　つくって　います。

花子は　きゅうりを　きって　います。

2) 지금까지 있었던 사건

わたしたちは　5月に　きゅうりの　なえを　うえました。

きゅうりの　なえは　ぐんぐん　のびました。

3) 앞으로 있을 사건

あした　わたしたちは　ポテトサラダを　つくります。

花子は　これから　じゃがいもを　ほります。

화자는 현실의 사건을 문장에 담아 청자에게 전달한다. 문장이 전달하는 사건은 시간이라는 관점에서 〈지금 있는〉, 〈지금까지 있었던〉, 〈앞으로 있을〉 사건으로 나뉜다. 이를 규칙 3에 나오는 ≪현재≫, ≪과거≫, ≪미래≫라는 용어로 표현할 수도 있다. 구체적인 사건이 '언제' 〈일어나고 있는/일어난/일어날〉 사건인지 그 시간적 위치를 부여하는 것은 사건 성립을 위해 전제가 되는 중요한 문제이다.

[참고]

구체적 사건에 있어 시간이라는 속성은 현실 세계와 언어 세계 양쪽 모두에 있어서 그 사건이 존재하기 위한 형식이 된다. 이에 대해 奥田靖雄(1988)에서는 다음과 같이 설명한다.

문장의 대상적 내용인 사건이 시간과 불가분의 관계를 가지는 현상은 현실 세계의 구체적인 사건 하나하나가 시간의 흐름 속에 배치되어 있으며 이 시간이 제시되지 않는다면 아무도 그 구체적 사건을 인지할 수 없고, 타인에게 전달할 수도 없다는 사실에서 비롯된다. 하나의 사건은 또 다른 사건과 시간적 관계를 맺으면서 시간 축 위에 배치되기 때문에 그 시간적 관계를 무시하고 어떤 구체적 사건을 인지하거나 타인에게 전달하는 일은 불가능하다. 구체적 사건 하나하나를 말하는 문장은 반드시 시간적 의미를 포함하고 있다. 시간은 사건의 가장 보편적인 존재 형식이기 때문이다. 시간과 무관한 사건은 처음부터 존재할 수 없다. 만약 이 존재 형식을 배제해 버린다면 그 사건은 구체적 사건이 아니라 일반적 사실로만 남게 된다. 예를 들어 '새가 난다'라든가, '물고기는 헤엄을 친다'와 같은 문장은 시간 축 위의 어느 특정 시점에서 이루어지는 사건이 아니라 일반적 사실을 나타낸다. 이러한 문장이 존재한다는 것은 구체적 모습으로 표현되는 사건이 언어 내적으로나 외적으로나 항상 시간적 규정하에 놓여 있다는 점을 보여주고 있다.

奥田靖雄(1988:2-3)

규칙 2

지금 있는 사건이란 발화시를 기준으로 그와 동일한 시간에 일어나는 사건을 말한다. 지금까지 있었던 사건이란 발화시를 기준으로 그 이전에 일어난 사건을 말한다. 앞으로 있을 사건이란 발화시를 기준으로 그 이후에 일어나게 되는 사건을 말한다.

1) 지금 있는 사건

次郎が　うたを　うたって　いるよ。

花子が　うたを　きいて　いるね。

2) 지금까지 있었던 사건

わたしは　きのう　ハイキングに　いった。

わたしは　ちょうじょうで　おべんとうを　たべた。

3) 앞으로 있을 사건

お正月に　わたしは　おじいちゃんの　うちに　いく。

わたしは　おとうとと　たこを　あげます。

규칙 3

화자가 말을 하고 있는 발화시를 가리켜 현재라고 한다. 발화시를 기준으로 그 이전을 과거라고 한다. 발화시를 기준으로 그 이후를 미래라고 한다. 그러므로 사건의 시간은 현재, 과거, 미래의 세 가지로 나누어진다.

과거	현재	미래
발화시보다 이전	발화시	발화시보다 이후

문장이 전달하는 사건을 〈지금 있는〉, 〈지금까지 있었던〉, 〈앞으로 있을〉 사건으로 표현하고, 또 그렇게 이해하는 과정에 대한 문법적 근거는 규칙 2와 규칙 3에 나와 있다. 이를 다시 정리해 보면 다음과 같다.

① 발화시는 문장이 전달하는 사건의 시간적 기준인 ≪지금≫, 즉 ≪현재≫가 된다.

② 화자의 발화시를 기준으로 문장이 전달하는 사건은 ≪지금=현재≫의 사건, ≪지금까지=과거≫의 사건, ≪앞으로=미래≫의 사건으로 나누어진다.

③ 화자의 발화시를 기준으로 현재의 사건은 그 발화 시간대에 지속 중인 사건이며 과거의 사건은 발화시 이전에 일어난 사건이고 미래의 사건은 발화시 이후에 일어날 사건이다.

④ 과거의 사건과 미래의 사건은 각각 발화시로부터 시간적으로 떨어져 있는데 그 시차는 아주 미미한 것에서부터 매우 큰 것까지 있으며, 그 사건들은 시간이라는 연속선상의 어느 지점에 놓이게 된다.

위와 같은 사항을 바탕으로 사건을 시간 축 위의 일정 지점에 놓으면 시간에 대해 정확하게 이해할 수 있다.

그런데 문장을 통해 표현되는 구체적 사건의 시간이 ≪현재≫, ≪과거≫, ≪미래≫로 나누어진다면, 언어가 어떠한 형태를 이용하여 그 시간을 나타내는지가 궁금해진다. 예를 통해 살펴보도록 하자.

① 문장 끝에 위치한 서술어 동사의 텐스 형태로 나타내는 경우

≪현재≫ : つくって　います

あらって　います

うたって　いる

きいて　いる

≪과거≫ : うえました

のびました

いった

たべた

≪미래≫ : つくります

ほります

いく

あげます

② 서술어 동사 앞에 배치하는 시간의 상황어로 나타내는 경우

≪현재≫ : いま (つくって　います)

≪과거≫ : 5月に (うえました)

きのう (いった)

≪미래≫ : あした (つくります)

これから (ほります)

お正月に (いきます)

위의 예를 보면 ①서술어 동사의 텐스 형식은 사건의 시간을 제대로 나타내기 위해 반드시 「している」「した」「する」의 세 가지 중 하나를 선택한다. 그리고 ②시간을 나타내는 상황어로 기능하는 시간명사나 시간부사가 함께 쓰여 사건의 시간이 언제인지를 정확하게 나타내고 있음을 알 수 있다. 또 「あした」나 「これから」와 같은 단어는 이미 ≪미래≫라는 뜻을 그 의미에 포함하고 있는데, 그 밖의 시간명사나 시간부사는 서술어 동사와의 결합을 통해서 「いま」는 ≪현재≫,

「5月」와 「きのう」는 ≪과거≫, 「お正月」는 ≪미래≫를 나타내는 의미로 각각 쓰였다는 것을 알 수 있다. 이와 같이 문장에서 말하는 사건의 시간이 언제인가는 위에서 제시한 ①과 ②의 두 가지 표현수단이 상호보완적으로 작용하면서 나타낸다.

사건의 시간이 현재, 과거, 미래 중 어느 것인지에 대해 서술어동사를 통해 나타내는 문법 범주를 동사의 ≪텐스(tense)≫라고 한다. 한편 이 서술어동사의 ≪텐스≫와 함께 시간을 나타내는 상황어를 포함하여 문장 전체를 통해 표현되는 시간성은 ≪템포랠리티(temporality)≫라고 한다. 여기서 ≪텐스≫는 형태론적인 범주에 속하는 것이지만 ≪템포랠리티≫는 구문론적인 범주라는 점에서 동사의 ≪애스펙트(aspect)≫ 및 문장의 ≪애스펙츄얼리티(aspectuality)≫, 동사의 ≪무드(mood)≫ 및 문장의 ≪모달리티(modality)≫와 병행하는 개념이라고 생각해 볼 수 있다. 문장의 ≪템포랠리티≫를 나타내는 언어적 표현에 관해서는 규칙 4에서 동사의 ≪텐스≫형식을, 그리고 규칙 5에서 시간을 나타내는 상황어를 제시할 것이다.

[참고]

현실 세계에 있어서 몇 개의 상호연관성이 있는 사건들은 시간적 관계 속에서 배치된다. 하나의 구체적 사건은 다른 구체적 사건과의 시간적 관계 속에서 그 사건의 앞 또는 뒤에 위치하거나, 아니면 같은 시점에 위치하게 된다. 이러한 시간적 관계는 공간적 관계와 더불어 구체적 사건의 성립에 있어 반드시 필요한 요건이며 가장 보편적인 존재 형식으로 드러나게 된다. 시간적 관계가 결여된 구체적 사건은 현실 세계에서는 존재할 수 없다. 따라서 인간의 인식은 구체적 사건을 인지하고 받아들일 때, 그 사건을 둘러싼 시간적 관계없이는 이루어질 수 없다. 문장이란 현실 세계에서 일어나는 실제의 구체적 사건을 표현하기 위해서 〈시간적 위치 한정〉을 해야 한다. 대상적 내용으로서의 사건과 함께, 그 사건에 동반되는 시간적 관계를 그 내용으로 표현한다는 것은 그 문장에 있어 의무적이다. 문장은 어떠한 수단을 통해서라도, 명시적(explicit)이든 암시적(implicit)이든 간에, 사건들의 시간적 관계를 표현하고 있다. 이러한 과정을 거치지 않고서는 문장이 성립하지 않는다. 문장을 통해 묘사되는 사건의 시간적 관계는 템포랠리티(temporality)라고 불린다.

奥田靖雄(1993:1)

규칙 4

현재 사건을 전달할 때에는 동사의 형태를「して　いる」「して　います」로 나타낸다. 과거 사건을 전달할 때에는 동사의 형태를「した」「しました」로 나타낸다. 미래 사건을 전달할 때에는 동사의 형태를「する」「します」로 나타낸다.

1) 현재형

わたしは　うどんを　たべて　いる。

花子は　明子と　あそんで　います。

2) 과거형

わたしは　うどんを　たべた。

花子は　明子と　あそびました。

3) 미래형

こんばん　わたしは　うどんを　たべる。

あした　花子は　明子と　あそびます。

(1) 서술어 동사의 텐스 형태

위의 예를 보면 사건의 시간을 구별하여 표현할 수 있는 서술어 동사의 텐스 형태가 드러난다. 이를 표로 정리해 보면 다음과 같다.

대우법 / 텐스	보통체	정중체
현 재	して いる	して います
과 거	した	しました
미 래	する	します

우리는 문장이 전달하는 사건의 시간을 나타내기 위해, 위에 열거한 동사 형태 중 어느 하나를 선택하게 된다. 「している」와 「した」는 각각 보조동사 「いる」와의 조합, 어미 「-た」로의 교체(활용)라는 형태론적인 절차를 통해 대표형 「する」의 어형을 변화시켜 얻은 유표형식이므로 ≪현재형≫, ≪과거형≫이라는 것은 쉽게 이해할 수 있다. 그에 반해 대표형인 「する」와 형태가 똑같은 무표(無標) 형태의 「する」가 ≪미래형≫이라는 사실은 생소하게 느껴질 수도 있다. 「する」가 미래 텐스를 나타낸다는 사실을 이해하려면, 텐스라는 형태론적 범주 안에서 「している」「した」「する」로 서로 대립하는 형태가 각각 ≪현재≫, ≪과거≫, ≪미래≫라는 문법적 의미를 분담하여 나타내고 있다는 사실을 체계적으로 파악해야만 한다(다른 형태론적 범주에 대해서도 같다).

동사의 애스펙트(aspect)에 대해서는 다음 장에서 다루게 되는데, 여기서는 우선 동사의 애스펙트와 관련지어 텐스 형태를 정리하고자 한다(대우법 범주는 일단 제외).

서술어 동사의 텐스 형태는 애스펙트 형태와 하나로 복합된 것이며 다음과 같은 패러다임을 이룬다.

텐스 \ 애스팩트	완성상	계속상
비과거	する	して いる
과거	した	して いた

奥田靖雄(1993:47)

위 표의 ≪비과거≫란을 ≪현재≫와 ≪미래≫로 나눠 보면 다음과 같다.

텐스 \ 애스펙트	완성상	계속상
미래	**する**	して いる
현재	―	**して いる**
과거	**した**	して いた

工藤真由美(1995:182)

위의 규칙 4의 예문에서는 서술어 동사의 텐스에 주목하여 위 표 중에서 두꺼운 글씨로 되어 있는 「している」「した」「する」의 각 형식을 제시하였다. 이처럼 동사의 「している」는 텐스라는 관점에서 보면 현재형이고 애스펙트의 관점에서 보면 계속상이 된다. 마찬가지로 「した」는 과거형이자 완성상 형식이며 「する」는 미래형이자 완성상 형식이 된다. 완성상/계속상이 나타내는 애스펙트 의미에 대해서는 다음 장에서 다룬다.

(2) 완성상 「する」가 현재 텐스를 나타내는 경우

위의 표에서 알 수 있듯이 서술어로 기능하는 동사의 현재 텐스는 계속상인 것이 일반적이다. 즉 화자가 관찰한 사건이 현재 텐스라는 문법적 의미를 가지려면 그 사건이 발화시에 걸쳐서 존재해야 한다. 따라서 동사의 비과거형 중에서 미래형은 완성상 「する」, 현재형은 계속상 「している」라는 형태가 쓰인다. 다만 동사의 종류 및 그 용법에 따라 다음과 같이 사건과 발화가 같은 시간대에 일어날 경우에는 완성상 「する」가 현재 텐스를 나타낼 수도 있다.

① 내적 체험과 발화가 일치하는 경우

인간의 생리적, 심리적인 상태를 표현하는 상태동사가 서술어가 되는 경우 (しびれる、ほてる、うずく、おどろく、あきれる …)

(バンジージャンプをする)「ああ、足がふるえる。」

「えっ？それはこまる。」

cf. 이 경우의 애스펙트의 대립은 완성상 「する」가 〈표출〉을 나타내고, 계속상 「している」가 〈기술(記述)〉을 나타내게 된다.

「つかれる。」—「いいえ、ちょっとつかれているの。

(표출) (기술)

② 지각 체험과 발화가 일치하는 경우

지각 체험을 표현하는 상태동사가 서술어가 되는 경우, 또는 화

자의 눈앞에서 진행되고 있는 사람의 동작이나 사물의 움직임을 표현하는 동사의 경우 (みえる、きこえる、音がする、声がする、ひえる …)

「星がうつくしくみえるわ。」

「坊さんがだいぶとおるね。」

「今夜はひえるね」

③ 지적 활동과 발화가 일치하는 경우

수행동사(performative)가 서술어가 되는 경우(たのむ、あやまる、ちかう、しんじる、おもう …)

「ごめん、あやまるよ。」

「あんな人と結婚したら、たいへんだと思うわ。」

● **규칙 5**

과거는 발화시 이전의 긴 시간을 가리킨다. 미래는 발화시 이후의 긴 시간을 가리킨다. 그러므로 언제 일어난 사건인지 정확하게 나타내기 위해서는 「오늘」「어제」「내일」과 같은, 시간을 나타내는 단어를 동사 앞에 놓는다.

1) 화자가 이야기를 한 날을 **오늘**이라고 한다.

<u>きょう</u>　わたしは　ともだちと　えいがを　みた。

<u>きょう</u>　ぼくは　おとうさんと　ふろに　はいる。

2) 화자가 이야기를 한 날의 전날을 **어제**라고 한다.

<u>きのう</u>　わたしたちは　デパートへ　いった。

<u>きのう</u>　デパートで　先生と　あった。

3) 화자가 이야기를 한 날의 다음 날을 **내일**이라고 한다.

<u>あした</u> わたしは ともだちと クリスマスツリーを かざる。

<u>あした</u>　ぼくは　おじいさんの　うちに　いく。

앞서 설명했듯이 문장이 전달하는 사건은 화자의 발화시를 기준점(시간적 구심점=temporal center)으로 하여 그와 동시인 현재로 하거나, 그것보다 이전과 이후, 즉 과거/미래로 한다. 문장이 전달하는 사건의 시간적 배치는 서술어 동사의 텐스 형태「している」「した」「する」에 의해 전달되는데 그때 ≪과거≫, ≪미래≫에 놓이는 사건은 시간명사 및 시간부사의 도움을 받아 보다 정확한 위치를 지정받게 된다.

예문에서 알 수 있듯이 각각의 사건에 대해서「きのう」는 그 사건을 과거 시간 중에서 발화시를 포함한 날보다 이전의 날, 「あした」는 그 사건을 미래 시간 중에서 발화시를 포함한 날 보다 이후의 날로 배치한다.

한편 「きょう」의 경우, 그 사건은 발화시를 포함한 날에 일어난 일로서 표현되는데 서술어 동사의 텐스 형식에 따라서 그 사건이 과거의 일이 되기도 하고 미래의 일이 되기도 한다. 그리고 예문에는 나와 있지 않지만 「きょう」는 현재 텐스를 나타낼 수도 있다(きょう わたしは 海に きて いる). 이는 「きょう」라는 시간명사가 발화시를 포함하여 그 앞뒤로 어느 정도의 기간을 나타낼 수 있기 때문이다. 묘사되는 사건이 발화 시점보다 앞 또는 뒤에 있다면 「きょう」의 사건이라 하더라도 각각 과거와 미래에 위치한다.

마지막으로 사건의 시간과 관련된 문제 중에서 ≪절대 텐스≫와 ≪상대 텐스≫에 대해 살펴보자.

지금까지는 화자의 발화시가 시간적 구심점이라는 전제하에 문장의 ≪절대 텐스≫의 용법에 대해 설명하였다. 그런데 텐스의 용법에는 발화시가 아니라 다른 사건을 시간적 구심점으로 놓고서 이를 기준 삼아 그 사건과 동시 또는 이전/이후인가를 각각 시간적으로 지정하는, 비화시적(non-deictic)인 시간 표현인 문장의 ≪상대 텐스≫ 용법도 있다.

[참고]

그런데 발화의 대상이 되는 사건에 대해 시간적 순서를 정할 때에 화자의 발화시를 중심으로 놓고 계산한다는 〈규칙〉을 일괄적으로 적용해 버리면 자칫 실수를 초래할 수 있다. 발화 중에 이미 앞에서 제시된 바 있는 어떤 사건을 기준으로, 그 후 이어지는 발화 내용에 등장하는 새로운 사건의 시간을 지정하는 경우도 빈번히 일어난다. 예를 들어 다음 문장에서는 앞선 문장에서 제시된 사건과의 관계에서 새로운 사건이 언제 있는/있을 것인지를 시간부사가 규정하고 있다.

翌日、花子は七時ごろおきたが、太郎は十時ちかくまでねむっていた。
その日の夕方、次郎はアルバイトをおえると、ビールが飲みたくなって……

다음 예문에서는 사건명사와 후치사가 결합하여, 주어진 사건의 시간이 언제인가를 지정하고 있다.

招待状をだしおえたのが、開会の三日まえ、作品ができあがったのが、二日まえ…
送られてきて荷物をまた荷づくりして、ゆくさきの札をつけ、倉庫にあずけた。このごたごたのあいだに、おじさん一家は、ひとあしさきに出発した。

다음 예문에서는 시간적 종속문이 주문에 제시되어 있는 사건의 시간을 지정하고 있다. <동시·선행·후속>이라는 시간적 관계는 종속절에 제시된 사건과의 관계에서 성립된다.

人混みのなかに花子の姿を発見したとき、太郎はふしぎにおどろかなかった。
花子はすぐのりこんできた。のりこむまえに、手ばやくハンカチで顔を包んでいる。
春にはじめて軽井沢で太郎とあったあと、花子はもう一度太郎にあいたいと思った。

여기서 제시되는 사건의 시간적 관계는 직접적으로 발화가 이루어지는 장면(발화시)과는 관련이 없다. 즉 화자가 발화시를 기준으로 사건의 시간이 언제인지를 한정하고 있는 것은 아니다. 그러한 의미에서는 사용되는 부사 및 부사적 표현은 화시적(deictic)이 아니라고도 할 수 있다. 여기에서 화자는 선행되는 발화에 나타난 사건을 기준으로 삼아 후행 발화에서 제시되는 사건의 시간이 언제인지를

한정한다.「翌日、前日、その日」와 같은 시간부사를「あした、きのう、きょう」와 같은 시간부사와 비교해 보면 사건의 시간이 언제인지 지정하는 방식의 차이가 보인다. 다음 예를 보면 같은 날이 두 가지 다른 기준에 의해서 산정되었음을 알 수 있다.

「なぜ、そとを見たんですか?」「それはですね、あくる日、つまり昨日のことですが、仕事で田舎にゆくことになっていたんです。……」

奥田靖雄(2001:15-16)

工藤真由美(1995)에서는 시간부사를 다음과 같이 정리하고 있으니 참조 바란다.

절대적=화시적(deictic)	상대적=비화시적(non-deictic)
いまに、今後、その後、ちかぢか 明日(明後日)、来週、今月、来年	その後 翌日(翌々日)、翌週、翌月、翌年
今頃、目下、現在、いま(は) 今日、今夜(今晩)、今朝、今週、 今月、今年、 近頃、最近、この頃 いましがた、さっき、この前、この間 昨日(おととい)、昨夜、先週、 先月、去年 あの時、あの日、あの頃、当時	その時 その日(当日)、その夜、その朝、 その週、その月、その年 その頃 その前 前日、前夜、前の週、前年

「今週の土曜日は都合が悪いので、明日伺います」

「今週の土曜日は都合が悪いので、翌日伺います」

「先週の土曜日は都合が悪かったので、昨日伺いました」

「先週の土曜日は都合が悪かったので、前日伺いました」

연습문제

1. 다음 문장을 읽고 각 사건이 〈지금 있는〉 사건인지 〈지금까지 있었던〉 사건인지 〈앞으로 있을〉 사건인지를 구별해 보시오.

   1) いま、雨が降っています。

   2) 先生は素敵なネクタイを買いました。

   3) 午後、友だちと一緒に映画を見にいきます。

   4) 明日の予定は今日中にみんなに知らせておきます。

2. 다음 문장에서 템포랠리티를 나타내는 부분을 말하시오.

   1) これから先生のお宅にうかがいます。

   2) 先生の奥さんは黒いワンピースを着ている人です。

   3) きのう、デパートで高校時代のクラスメートに会いました。

   4) いま読んでいるから、明日お貸しします。

3. 다음 문장의 서술어 동사의 형태를 적절하게 넣어 문장을 완성하시오.

   1) 兄はもう(寝る→　　　　　　)から、明日電話してください。

   2) 昨夜は友だちに会ってビールを５本も（飲む→　　　　　　）。

   3) 晴れていて、遠くの山がきれいに（見える→　　　　　　）ね。

   4) 早くきてください。もうすぐ映画が（始まる→　　　　　　）よ。

4. 다음 문장에서 밑줄 친 동사가 나타내는 텐스가 절대인지, 상대인지 구별하시오.

1) 昨日はつかれていたので早く帰りました。

2) これから作文テストを始めます。終わった人は作文用紙を出してください。

3) 窓ガラスが割れているので、犯人はここから入ったでしょう。

〈참고문헌〉

奥田靖雄(1988)「時間の表現(1)」『教育国語』94, むぎ書房

奥田靖雄(1993)「動詞の終止形(その4)-テンス-」(奥田靖雄著作集第3巻『言語学編(2)』むぎ書房に所収)

奥田靖雄(2001)「deixisのこと」『教育国語』4-1, むぎ書房

工藤真由美(1995)『アスペクト・テンス体系とテクスト一現代日本語の時間の表現』ひつじ書房

제7장

동작과 변화

1. 도입

제6장에서는 화자인 ≪나≫의 발화시점을 기준으로 문장이 전달하는 사건이 각각 ≪현재/과거/미래≫라는 시점에 위치하게 된다는 문장의 템포랠리티(temporality)를 다루었다.

a. きのう　きこりが　おので　木を　たおした。
b. きのう　きこりが　おので　木を　たおして　いた。

위 두 문장에서 전달하는 사건은 a, b 모두 화자의 발화시점보다 이전, 즉 ≪과거≫에 위치한다. 또한 동시에 문장 a는 ≪완결된 비분할적 동작≫, 문장 b는 ≪진행 중인 동작≫을 나타낸다.

c. 木が　たおれた。
d. 木が　たおれて　いた。

위 두 문장에서 전달하는 사건 또한 c, d 모두 화자의 발화시점보다 이전, 즉 ≪과거≫에 위치한다. 그리고 동시에 문장 c는 ≪완결된 변화≫, 문장 d는 ≪변화 후의 계속되고 있는 상태≫를 나타낸다.

위와 같이 하나의 사건은 화자의 발화시점과의 시간적 관계에 의해서 ≪현재/과거/미래≫에 위치한다. 다른 한편에서는 그 사건이 ≪완결된 것/계속 중인 것≫이라는 시간적 전개와 관련된 표현도 하고 있다. 이러한 ≪현재/과거/미래≫를 나타내는 동사의 형태론적 범주를 ≪텐스≫라고 하고, ≪완결성/계속성≫을 나타내는 형태론적 범주는 ≪애스펙트≫라고 한다. 텐스와 애스펙트는「する」「している」「した」「していた」라는 형식으로 사건의 시간을 복합적으로 표현한다. 여기서 6장의 표를 다시 한번 확인하자.

애스펙트 / 텐스	완성상	계속상
미래	する	している
현재	―	している
과거	した	していた

위의 a와 c, 혹은 b와 d를 비교해 보면 알 수 있듯이, 같은 ≪완성상≫과 ≪계속상≫의 형식이라 할지라도 그것이 나타내는 문법적 의미(애스펙트적 의미)는 달라질 수 있다. 이는 서술어의 위치에 놓인 동사가

① 「たおす」와 같은 사람의 ≪동작≫을 나타내는 동작동사인가 아니면

② 「たおれる」와 같은 사물의 ≪변화≫를 나타내는 변화동사인가

에 의한 것이다. 따라서 이번 장에서는 서술어 동사의 「する」「している」로 대표되는 애스펙트 형식이 어떤 시간적 의미를 나타내고 있는지를 명확히 하기 위해, 먼저 동사의 분류, 즉 ≪어휘=문법적 계열≫과 동작동사, 변화동사가 각각 나타내는 ≪동작≫ 혹은 ≪변화≫의 시간적 구조를 다루고자 한다.

> **규칙 1**
>
> **동사는 동작을 나타내는 동사, 변화를 나타내는 동사의 두 종류로 나눌 수 있다.**

1) 동작을 나타내는 동사

たべる	のむ	きる	にる
はなす	きく	かく	よむ
なく	わらう	あるく	およぐ

2) 변화를 나타내는 동사

おれる	われる	きれる	にえる
ぬれる	きえる	やぶれる	はがれる
さく	ちる	しぬ	

규칙 2

동사가 나타내는 동작은 길이를 가지고 있어서 시작시점과 종료시점을 가지고 있다. 동작의 시작과 종료 사이에는 동작이 계속되고 있는 부분이 있다.

きこりが　のこぎりで　木を　きる。

まさおが　絵を　かく。

花子が　パンを　たべる。

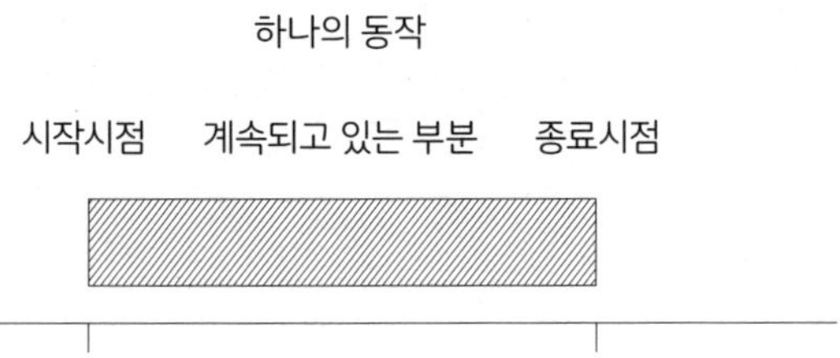

규칙 3

동사가 나타내는 변화는 대개 순간적으로 일어나기 때문에 시간의 길이가 없다. 그러나 변화의 결과로 일어난 새로운 상태가 한동안 계속된다.

電気が　きえる。

コップが　われる。

えんぴつが　おれる。

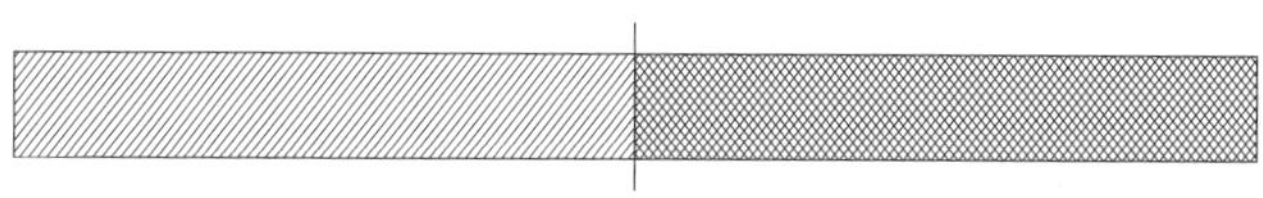

[참고]

애스펙트적 의미와 어휘적 의미에 따라서 동사를 분류하면 다음과 같다 (工藤 1995). (테두리로 표시된 그룹은 한계동사. 그 외는 비한계동사.)

(1) 변화동사

·변화하는 사물(넓은 의미에서의 사물)

·그 사물이 이전 상태

·변화 결과로서의 새로운 상태

·새로운 상태로의 이행 순간

·자연발생적으로 일어나는 비의도적 운동

(a) まがる、ちぢむ、のびる、おれる、われる、くずれる、つぶれる、さける、きれる、ふくらむ、かたむく、たおれる、ちらかる、あく、しまる

(b) ぬれる、しめる、かわく、そまる、よごれる、にごる、すむ

(c) ささる、かかる、ひっかかる、つく、くっつく、うずまる、はずれる、とれる、ぬける

(d) にえる、わく、やける、こげる、とける、くさる、ふやける、あたたまる、ひえる、さめる

(e) ふとる、やせる、はげる、やつれる、しぬ、ふける、よう、はれる、ただれる

(f) さく、ちる、かれる、そだつ

(g) しらむ、きいばむ、あからむ

⑵ 동작동사

주체동작·객체변화

·객체에 작용하는 주체

·주체의 작용을 받는 객체

·과정으로서의 작용

·작용의 결과로서 객체에 생기는 새로운 상태

·사물(객체)에 작용하여 그 사물에 변화를 일으키는 인간의 의도적, 물리적 운동

·목적에 따라 의도적으로 이루어지는 인간의 동작

(a) たたむ、ひろげる、まく、とく、むすぶ、しばる、あける、

しめる

(b) わる、くだく、おる、つぶす、くずす、まげる、ふくらます、きる、きざむ、やぶる、さく、けずる、たおす、おこす

(c) つける、かける、つるす、さげる、はる、ぬる、はめる、ふくむ、いれる、つめる、さす、つむ、のせる、かさねる、かつぐ、しく、ぬく、むく、はぐ

(d) やく、あぶる、にる、たく、わかす、ふかす、かわかす、ほす、さます、あたためる、ぬらす、とかす、よごす

(e) うつす、はこぶ、おろす、だす、あつめる、おとす、むける、ちかづける、よせる、なげる、ほおる

(h) くう、たべる、のむ、すう、すする

(i) たてる、きづく、ほる、あむ、ぬう、ゆう

(j) ころす

주체동작(·객체운동)

·주체에 의한 객체로의 작용이 그 객체에 새로운 상태를 일으키지 않고, 단지 기계적인 운동을 이끌어내는데 그치는 동작

(g) ゆする、ふる、ながす、まわす、かきまわす、ならす、ころがす、とばす

주체동작(·객체접촉)

·객체에 작용해도 그 객체에 어떤 변화도 일으키지 않는 동작

ⓕ さわる、ふれる、いじる、かく、うつ、なぐる、おす、ひく、もつ、にぎる、だく、かむ、なでる、こする、たたく

주체동작(·객체 무변화)

·객체에 작용하지 않는 동작

ⓐ みる、のぞく、ながめる、きく、かぐ

ⓑ はなす、よむ、たずねる、こたえる

ⓒ しかる、ほめる、ののしる、おだてる

ⓓ かぞえる、さがす、はかる、くらべる

주체동작(·객체 없음)

·객체가 없는 동작

ⓔ おどる、まう、うたう、えがく

주체동작(·주체=객체변화)

·자신의 동작이 자기자신에게 작용하여 자신의 상태에 어떠한 변화를 일으키는 동사(재귀동사)

·주체의 부분(머리, 목)에 작용하는 부착동사

·동작의 주체는 동시에 객체이기도 하다

きる、ぬぐ、はく、かぶる／

(自分の髪にリボンを)むすぶ、(自分の首にネックレスを)かける

주체동작(=주체변화)

·객체에 작용하는 일 없이 주체의 변화를 일으키면서 주체의 동작을 나타내는 동작동사(동작동사와 변화동사의 《혼합형》)

(a) 체재장소의 변경(이동동작)

ゆく、かえる、もどる、でる、はいる、あがる、おりる

(b) 공간적 배치의 변경

のる、もたれる、ならぶ、だきつく

(c) 자세의 변경(행위동작)

すわる、たつ、おきる、しゃがむ、ねる、ねころぶ、うずくまる、うつぶす、かがむ、ひざまずく、むく、ふりむく、うつむく

(3) 무의지적인 운동동사

(a) 사물의 운동을 나타내는 동사

ゆれる、ただよう、そよぐ、まわる、よろめく、ながれる、もえる、まう、こぼれる、したたる、もれる、たれる、とぶ、おちる、なる

(b) 생물의 이동을 나타내는 동사(동작 주체가 사람인 경우에는 동작동사가 된다)

あるく、はう、はしる、とぶ、およぐ

(c) 생물의 생리적 운동을 나타내는 동사

なく、わらう、ほえる、さえずる、いななく、わめく、どなる、ほほえむ

ⓓ 사물의 출현을 나타내는 동사

たつ、あく、でる、わく、はえる

⑷ **상태동사**

·변화의 결과가 아닌《단순한 상태》

ⓐ 인간의 심리·정서적 상태를 나타내는 동사

いらだつ、あきれる、おどろく、うかれる、たまげる、めいる、たかぶる、なごむ、やすらぐ、たいくつする、まよう、こまる

ⓑ 인간의 생리적 상태를 나타내는 동사

いたむ、うずく、ふるえる、しびれる、むせぶ、あせばむ、ほてる、のぼせる、くらむ、つかれる

ⓒ 장소의 상태를 나타내는 동사

にぎわう、こむ、こみあう、ざわめく、どよめく、ざわつく、混雑する、ごったがえす

ⓓ 사물의 상태를 나타내는 동사

ひかる、かがやく、きらめく

ⓔ 자연의 상태, 기상현상

a) 움직임

ふる、ふく、ふぶく、しぐれる、なみだつ

b) 상태

かすむ、けむる、たなびく、ひえる、しばれる、むす、あれる、しける

c) 변화

はれる、くれる、なぐ

규칙 4

동작이 계속되고 있음을 나타내기 위해서 동사를 「して　いる」「して いた」 형태로 바꾼다.

1) 현재 계속되고 있는 동작

ぼくは　いま　海で　およいで　いる。

わたしは　いま　「宝島」を　よんで　います。

2) 과거의 어느 시점에 계속되고 있던 동작

きのうの　3時にも　ぼくは　およいで　いた。

きのうの　夜も　わたしは　「宝島」を　よんで　いました。

3) 미래의 어느 시점에 계속되고 있을 동작

あしたの　3時にも　ぼくは　およいで　いる。

あしたの　夜も　わたしは　「宝島」を　よんで　います。

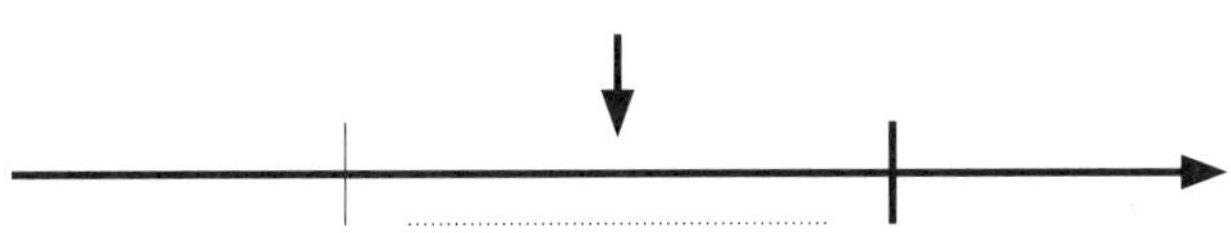

● 규칙 5

시작부터 종료까지의 비분할적 동작을 나타내기 위해서는 동사를 「する」「した」 형태로 바꾼다.

1) 과거의 어느 시점에 일어난 비분할적 동작

きのうの　午後も　ぼくは　およいだ。

きのうの　夜も　わたしは　「宝島」を　よみました。

2) 미래의 어느 시점에 일어날 비분할적 동작

あしたの　午後も　ぼくは　およぐ。

あしたの　夜も　わたしは　「宝島」を　よみます。

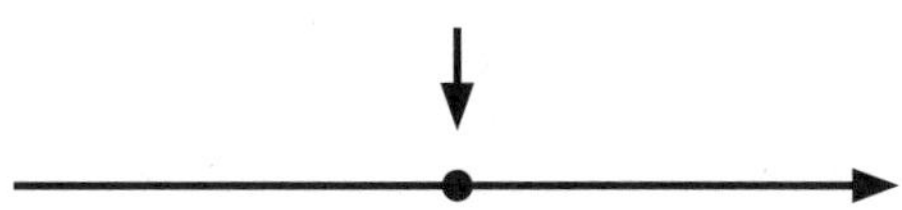

● 규칙 6

이어서 일어나는 계기적 동작을 나열할 때는 「する」「した」의 형식을 사용한다. 같은 시간에 일어나는 동시 동작을 나열할 때는 「して　いる」「して　いた」의 형식을 사용한다.

1) 이어서 일어나는 계기적 동작

ぼくたちは　3時に　キャンプ場に　①つきました。はじめに　おおきな　石で　かまどを　②つくりました。先生が　かまどの　まきに　火を　③つけました。まさおくんが

なべで　お肉を　④いためました。はるこちゃんが　なべに水と　やさいを　いれました。まさおくんが　カレーの　ルーを　いれました。

　これから　ぼくが　ごはんを　おさらに　もります。先生が　カレーを　かけます。みんなで　たべます。

① → ② → ③ → ④

2) 같은 시간에 일어나는 동시 동작

　おとうさんは　かんきせんを　①はずして　います。おかあさんは　まどを　②ふいて　います。おねえちゃんと　おにいちゃんは　あみどを　③あらって　います。ぼくは　げんかんを　④はいて　います。

① ____________

② ____________

③ ____________

④ ____________

규칙 7

변화를 나타내는 동사의「する」「した」형식은 이전 상태에서 새로운 상태로의 변화를 비분할적으로 나타낸다.

1) 과거의 어느 시점에 일어난 변화

4月2日に　さくらの　花が　さいた。

きのう　雪が　とけた。

さっき　風で　ポスターが　はがれた。

あっ、コップが　われた。

雪で　木の　えだが　おれた。

2) 미래의 어느 시점에 일어날 변화

来年の　4月にも　さくらの　花が　さく。

あしたには　雪が　とける。

もうすこしで　風で　ポスターが　はがれる。

あっ、コップが　われる。

来週には　雪で　木の　えだが　おれる。

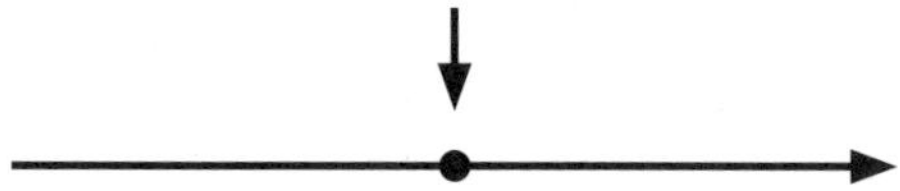

● **규칙 8**

변화를 나타내는 동사의「して　いる」「して　いた」형식은 변화의 결과로서 일어난 새로운 상태가 계속되고 있다는 것을 나타낸다.

1) 변화가 과거에 일어나서 현재 새로운 상태가 계속되고 있다

いま　さくらの　花が　さいて　いる。

もう　雪が　とけて　いる。

2) 변화가 과거에 일어나서 그 뒤에 새로운 상태가 계속되고 있었다

きょねんの　4月にも　さくらの　花が　さいて　いた。

きのうは　もう　雪が　とけて　いた。

3) 변화가 미래에 일어나서 그 뒤 새로운 상태가 계속된다

来年も　4月には　さくらの　花が　さいて　いる。

あしたには　雪が　とけて　いる。

마지막으로 제6장과 제7장을 마무리하면서 동사의 텐스와 애스펙트의 관계에 대해 요약해 보면 다음과 같다.

서술어가 되는 동사는 다음 두 관점에서 시간적 의미를 갖는다.

① 화자인 ≪나≫의 발화시점을 기준으로 하여, 문장이 전달하는 사건이 각각 ≪현재/과거/미래≫의 시점에 배치된다. 동시에 그 사건이

② 설정된 시간의 기준시점에서 ≪완결된 것/한계에 도달하지 않고 계속되고 있는 것≫으로 시간적인 평가를 받는다.

즉 문장의 대상적 내용으로서의 사건은 화자의 발화시점과의 관계에서 파악되는 외적 시간구조(텐스적 구조)와 설정된 시간의 기준시점과의 관계에서 파악되는 내적 시간구조(애스펙트적 구조)라는 이중적 시간구조를 갖게 된다. 제7장 규칙 4의 예를 표로 정리하면 다음과 같다.

텐스·애스펙트 / 예문	텐스의 기준 (텐스적 의미)	애스펙트의 기준 (애스펙트적 의미)
(1) ぼくは　いま　海で　およいで　いる。 わたしは　いま　「宝島」を　よんで　います。	발화시점 (에서 봤을 때 **현재**)	いま(발화시점) (계속되고 있다)
(2) きのうの　3時にも　ぼくは　およいで　いた。 きのうの　夜も　わたしは　「宝島」を　よんで　いました。	발화시점 (에서 봤을 때 **과거**)	きのうの3時、 きのうの夜 (계속되고 있었다)
(3) あいたの　3時にも　ぼくは　およいで　いる。 あしたの　夜も　わたしは　「宝島」を　よんで　います。	발화시점 (에서 봤을 때 **미래**)	あしたの3時、 あしたの夜 (계속되고 있을 것이다)

연습문제

1. 다음 동사들을 동작을 나타내는 동사와 변화를 나타내는 동사로 분류하시오.

はしる	やぶれる	ちる	たべる	しぬ	みる
あそぶ	くさる	ぬれる	なく	ほめる	おどる
ふる	あく	ふとる	たたく	はなす	あける
はじめる	わらう	おどる	われる	いく	たつ

2. 다음 문장 중 ≪동작계속≫의 의미를 나타내지 않는 것은?

① 今日は朝から雨が降っている。

② 私の妹は英語の勉強をするためにアメリカに行っている。

③ 昨日は夜遅くまで彼が帰ってくるのを待っていました。

④ 明日から試験なので図書館で勉強しています。

3. 다음 문장을 읽고 장면의 시간적 구조를 그림으로 나타내시오.

> わたしは　昼休みに　まどから　校庭を　みました。たろうくんは　一輪車に　のって　いました。かずこちゃんは　フラフープを　まわして　いました。一年生が砂場で　だんごを　つくって　いました。

4. 다음 문장 중 변화가 이루어진 순간을 나타내는 것은?

① 今日は100メートル泳いだ。

② 今回の台風で庭の木が倒れた。

③ 昨日の大雪で道路には10センチもの雪が積もっていた。

④ 会議室に入ってみると、何人か集まって何かを話していた。

5. 다음 문장 중 변화의 결과로서 발생한 상태가 계속되고 있음을 나타내지 <u>않는</u> 것은?

① 私が着くころにはコンサートはもう始まっているよ。

② 今日の会議には山田さんも来ている。

③ 運動場で男の子たちがサッカーをしていました。

④ 車にひかれて猫が死んでいた。

〈참고문헌〉

工藤真由美(1995)『アスペクト・テンス体系とテクスト—現代日本語の時間の表現』, ひつじ書房

제8장

무드

규칙 1 평서문·요청문과 동사 형태

화자는 평서문을 사용하여 사건을 상대방에게 전달한다. 또한 요청문을 사용하여 상대에게 동작을 명령하거나, 부탁하거나, 권유하거나 한다. 이때 화자는 서술어가 되는 동사를 여러 가지 형태로 활용한다.

おかあさん　「さあ、ごはんが　たけましたよ。」
たろう　「じろう、いっしょに　じゃがいもを　あらおう。」
おとうさん　「たろう、にくを　きって。」
じろう　「はなこ、なべに　みずを　いれて　くれ。」
おかあさん　「はなこ、にくと　やさいを　いためなさい。」
たろう　「みんな、カレーが　できあがったよ。」
おかあさん　「たろう、カレーを　よく　まぜなさい。」
おとうさん　「カレーを　もっと　たくさん　かけて　くれ。」
おかあさん　「おとうさん、スプーンを　とって　ください。」

おかあさん　「ふくじんづけも　ありますよ。

じゃあ、みんなで　たべましょう。」

じろう　「となりの　おばあさんにも　あげよう。」

(1) 문장의 전달 유형

규칙 1에서는 말하는 목적에 따라 ≪평서문≫과 ≪요청문≫의 두 유형이 구별된다. 요청문의 하위 종류로는 ≪명령문≫, ≪의뢰문≫, ≪권유문≫의 세 유형을 들 수 있다. 평서문과 요청문 모두에 나타나는 문법적 의미와 그 표현수단의 통일이 독자적 모달리티(=무드적 의미)를 담당하는 전달 유형이 된다.

각각의 무드적 의미는 주로 서술어에 사용되는 동사의 형태 즉「する·した」「しろ·してくれ·しよう」등에 의해 표현된다.

		서술어가 되는 동사	
		보통체	정중체
평서문		できあがった	たけました あります
요청문	명령문	きって	いためなさい まぜなさい
	의뢰문	いれて くれ かけて　くれ	とって　ください
	권유문	あらおう あげよう	たべましょう

(2) 진술성

문장에 표현된 사건의 의미를 ≪문장의 대상적 내용≫이라고 한다. 문장의 대상적 내용은 화자가 현실 사건을 바탕으로 단어를 문법적 규칙에 따라 만들어낸 것이다. 그러나 단어의 어휘적 의미는 일반적이어서 단어를 조합하는 것만으로는 현실 세계의 개별 사건을 표현할 수는 없다.

문장의 대상적 내용이 현실 세계의 사건과 어떠한 관계에 있는지를 나타내지 않으면, 문장은 의사소통의 역할을 다할 수 없다. 대상적 내용으로서의 사건이

① 의사소통 목적의 관점에서 화자에게 어떠한 의미를 가지는가 즉 화자가 그 실현을 확인한 사건인지, 아직 실현되지는 않았으나 앞으로 실현되었으면 좋겠다고 의도하는 사건인지,

② 화자가 이야기하는 시점을 기준으로 현실 시간과 어떠한 관계에 있는지,

③ 대상적 내용을 구성하는 문장의 주어나 보어, 동작의 주체나 객체, 특징의 주체가 화자인 현실의 인물과 어떠한 관계에 있는지가 구체적으로 나타나지 않으면, 문장은 현실 세계와 관계되었다고 할 수 없으며, 살아있는, 유효한, 액추얼한 의사소통의 수단이 될 수 없다.

이러한 ≪문장의 대상적 내용과 현실과의 관계≫를 진술(predication)이라고 하며, 진술과 그 표현수단과의 체계를 진술성(predicativity)이라고 한다. 문장의 문법적 범주로서의 진술성은 ①서법성(modality), ②시간성(temporality), ③인칭성(personality)을 요소로 하는 문장의 대상적 내용과 현실 세계와의 관계와 그 표현수단의 체계이다.

(3) 종지형

≪무드≫는 서술어 중 용언에만 있는 문법적 범주이다. 서술어에 사용되는 동사의 문법적 형태의 체계를 종지형이라고 한다. 동사의 종지형은 문장의 진술 중심으로서 서술어 기능을 수행하기 위해서 ≪텐스≫와 ≪무드≫의 완전한 체계를 갖는다. 이에 대해 종지형, 연체형, 조건형, 접속형의 동사는 ≪텐스·무드≫ 의 완전한 체계를 갖고 있지 않으며, 형식적으로 체계를 갖추고 있다고 해도 거기에 실현되는 의미는 불완전한 상태이거나, 각각의 기능에 맞게 수정하기도 한다. 기본적으로 ≪텐스≫와 ≪무드≫는 종지형의 고유한 형태론적 범주이다.

● 규칙 2 명령형

화자가 상대방에게 동작을 명령할 때는 동사를 명령형으로 바꾼다.

すわれ。
すわりなさい。

まどを　しめろ。
まどを　しめなさい。

はやく　行け。
はやく　行きなさい。

7時に　学校に　こい。
7時に　学校に　きなさい。

せんせいの　はなしを　聞け。

せんせいの　はなしを　聞きなさい。

(1) 명령형의 기본적 의미

명령형은 기본적으로 상대방에게 동작의 수행을 절대적, 일방적으로 강하게 요구하는 것을 나타낸다. 이 의미는 구체적인 의지동사의 경우에 전형적으로 나타난다(村上 1993:78).

「両手を　上げろ」

「先に　行け」

「かばんを　よこせ」

협의의 ≪명령형≫뿐 아니라 ≪의뢰형≫이나 ≪권유형≫도 형태론적 형태를 갖게 되는데 이들 규정은 일본어의 경우 ≪요청형≫에 해당한다. ≪요청형≫의 문법적 특징은 아래와 같다.

① 리얼리제이션(realization) 관점에서 동작은 미실현이다.

② 인칭의 관점에서 동작 주체는 2인칭이다.

③ 현실(동작이나 상대)에 대한 태도는 의지적이다.

이하와 같은 ≪평서형≫ 특징과의 차이는 명백하다.

① 동작은 실현·미실현의 경우가 있다.

② 동작의 주체에 인칭의 제약은 없다.

③ 현실에 대한 태도는 인식적이다.

≪명령형≫과 ≪권유형≫은 동작 주체의 인칭이 다르고, 형태적으로 서로 대립하면서 ≪명령형≫이 절대성·일방성·고압성의 성격을 갖게 된다.

① 화자는 상대방이 그 동작을 실행할지 안 할지 판단할 것을 상정하고 있지 않다.

A「まどを　しめてください。」　　B「はい。」/「いいよ。」

A「まどを　しめなさい。」　　B「はい。」/「*いいよ。」

② 동작 실행에 동반되는 상대방의 심리적 부담을 배려한 언어수단과 공기하지 않는다.

「すみません。まどを　しめてください。」

「*すみません。まどを　しめなさい。」

(2) 명령의 장면구조

「청자에게 동작의 수행을 요구하는 ≪화자≫와 요구되는 동작을 실행하는 ≪청자≫가 존재하는 구조는, 명령(요청)의 기본적인 장면구조이다.」 장면구조의 변용에 따라 명령문 의미에 차이가 생긴다.

「직접 눈앞에 있는 사람에게 명령을 하기 때문에 상대방이 없을 경우는 화자의 부탁·바람에 그친다.」(村上1993:74)

「たろうのやつ、おぼえとけ。」

「鬼さん、鬼さん、早く　目玉を持ってこい」と子供たちが歌っている。

「(다음 예는) 이름이 불리는 대상(=동작 주체)이 비정물이고, 화자의 명령을 받고 동작을 수행할 수 있는 청자가 존재하지 않는다. 청자가 없는 명령문은 ≪명령의 구조≫가 무너져 이미 명령의 기능을 하지 않고 화자의 바람에 그친다.」(村上1993:74)

「出ろ、出ろ。ちょうちょう、出ろ」
「走れ、電車。走れ、はやく!」
雪よ、降れ。風よ、吹け!

(3) 명령문의 함축적 의미

「동작 수행의 부탁·의욕이 청자 쪽에 있을 경우, 허가·승인의 의미를 갖는다. 내버려 두는 방임의 뉘앙스를 띠는 경우도 있다.」(村上1993:79)

「僕、帰ります」また太郎は言った。すると、先生は「よし、帰るなら帰れ」
ほしいものがあるのなら、どれでも持っていけ。
泣きたかったら、泣きたいだけ泣け。

「청자의 생리적 욕구가 충족되도록 권유하거나, 그렇게 행동하는 것이 청자에게 이익이 되도록 충고하거나, 조언하거나 하는 경우가 있다. 사회적 행동이나 심리활동을 보이는 추상적인 동작이 많다.」(村上1993:80)

「気をつけて風邪ひかないようにしなさいよ。…」
「ナニ、手が冷たい?それなら早くこたつに入れ」
「…馬鹿なことさえしなければ房内で楽にすごせる。そこのところをよく考えろ」

「무의지동사, 심리활동동사가 명령형을 취할 경우는 협박, 경고 등의 의미를 갖기도 한다.」(村上1993:81-82)

「おろかなやつめ、せいぜいほえろ、わめけ」
「あいつに貸した金は返ってこないと思え」
「そうかっ、しかし自分のことを心配しろ。お前だって危ないんだぞ。…」

(4)「するな」 명령문

「부정적 방향으로의 명령은 보통 ≪금지≫라고 불리고 있지만, 이것은 장면 상황에 따라 ≪제지적 금지≫와 ≪예방적 금지≫로 나누어진다.」(村上1993:94)

① 제지적 금지

男はやたらと車を押した。「おい、あんまり押すな」
太郎は蓋についたアイスクリームを舐めた。「そんなもん舐めるな」「……うん」

② 예방적 금지

「学校に行く途中で、人と会っても口を利くな」

「ここで見聞したことは絶対に口外するな」

규칙 3 의뢰형

화자가 상대방에게 동작을 부탁할 때는 동사를 의뢰형으로 바꾼다.

この　いすを　教室に　はこんで　くれ。

この　いすを　教室に　はこんで　ください。

きょうしつに　あつまって　くれ。

きょうしつに　あつまって　ください。

しゅくだいを　みんなに　くばって　くれ。

しゅくだいを　みんなに　くばって　ください。

(1) 의뢰형의 기본적 특징

① 상대방에게 동작의 실행을 요청한다. 동작 주체는 2인칭, 즉 청자이다.

② 명령에 비해 요구하는 태도는 저자세이고, 상대방에게 동작의 실행/비실행의 선택 여지를 부여한다. 따라서 대답으로 「はい」 외에 「いいですよ」도 가능(명령의 경우는 불가).

③ 동작의 실행에 동반되는 상대방의 심리적 부담의 경감을 배려한 표현수단과 공기하기 쉽다.

④ 화자와 청자의 사회적 관계에 제약이 적다. 그중에서도「してください」의 형태는 명령형「しろ·しなさい」나 의뢰형「してくれ」 사용에서 흔히 보이는 예의에 어긋날 위험을 피할 수 있어서, 다양한 사회적 관계에 있는 사람들 사이에서 널리 사용된다.

駅長は駅員に呼びかけた。「十月五日の切符の売り上げを見せてくれ」

夫が「手ぬぐいを取ってくれ。」というので、壁にかけてあるのを取って渡した。

(2) 동작 주체를 명시하는 경우

명령문은 동작 주체가 청자인 것을 전제로 하고 있기 때문에, 주어가 등장하지 않는 것이 보통이다. 오히려 주어가 등장하면 그 주어는 다른 인물로부터 부각되어 청자를 동작 주체로 지정하는 것이 된다.

「…太郎君、花子には君が言ってくれよ。おれはここにいるからな。」

「じゃあ、いちばん字のきれいな太郎君が、代表で書いてくれよ。」

(3) 의뢰형과 공기하는 진술부사

① ≪의뢰≫의 무드적 의미를 보충하고 강화하는 것

의뢰문에는「どうか、どうぞ、ぜひ、とにかく」와 같은 진술부사,「おねがいだから、ごしょうだから、できるものなら、たすけるとお

もって」와 같은 표현이 ≪의뢰≫의 무드적 의미 표현에 더해진다. 또 「おねがいだ」「たのむ」와 같은 간청의 의미를 어휘적 수단으로 표현하는 한 단어로 된 문장(一語文)을 전후에 접속시키는 경우도 있다.

「今日ここへきたのは、お前に頼みがあるからだ。どうぞ聞いてくれ。」
「ああ、息子は死ぬのか。どうか、わしの命を代わりにもらってくれ。」

「とにかく、すぐ行ってくれ。社長には私から言っておくから」
「おねがいだから、もっと現実的になってくれよ。いま会うのは危険なんだ。」

「太郎、いないか。いるなら、出てきてくれ！どうか頼む。出てこい！」

② 동작 실행에 동반되는 상대방의 심리적 부담을 덜어주는 것

「すまないが(すまんが、すまんけれど)、ご苦労だが、めんどうだが(めんどうでも)」와 같은 표현은 의뢰를 받는 상대방의 심리적인 부담을 고려하고 있다는 것을 표명하는 것으로, 상대방이 실행하기 어렵다고 생각되는 동작이라도 그다지 반발을 느끼지 않고 수행하도록 이끄는 전략적 기능을 수행한다.

「すまないが、解熱剤を買ってきて、それを飲ませてくれ。」

「高橋刑事、ご苦労だが、都内のホテル旅館を徹底的に調べてくれ。」

명령문에서 ≪의뢰≫의 무드적 의미를 보충하는 수단과의 공기는 일어날 수 없기 때문에, 의뢰문과 명령문의 대립은 화자가 자기를 상대방보다 낮은 위치에 두는지, 거꾸로 상대방보다 높은 위치에 서서 일방적으로 요구하는지, 전달 장면의 관여자 사이의 ≪종속관계≫의 대립이라는 것을 알 수 있다.

(4) 동사의 어휘적 의미와 의뢰의 변용

전형적인 ≪의뢰≫의 무드적 의미는 제시되는 동사의 동작이 구체적인 의지동작인 경우에 실현된다. 한편 「思う、こころえる、自覚する、覚悟する、気をつける、用心する、注意する、がまんする、忘れる、あきらめる」와 같은 심리활동동사, 「はげむ、しっかりする、~な生き方をする、はたらく、行動する、養生する」와 같은 추상적인 인간행동을 나타내는 동사가 의뢰형으로 사용될 경우, 이 문장은 ≪충고≫, ≪격려≫의 함축적 의미를 갖게 된다.

「おい、そこにぬいだ俺の靴を下駄箱にいれといてくれ。」
「…この着物こそ、当家に伝わる一番大切な遺産と心得てくれ。」
「気にしないで、ゆっくり養生をしてくれ。」

(5) 실행으로 전환되는 주요 요인

≪의뢰≫의 함축적 의미는 그 동작을 실행으로 전환시키는 주요한

계기가 화자, 청자 중 어느 쪽에 있는지와도 관련된다. 다음의 예는 청사 쪽에서 세시한 계획에 화자가 ≪동의≫, ≪허가≫를 니디내고 있다.

「もういいよ、どうでもお前のすきなようにしてくれ。…」
「わたしが生徒になりますわ」「うん、なってくれ。」
「全部食べてもいいのか」「いいとも、すきなだけたべてくれ。」

(6) 의뢰문의 다른 형태 의뢰문

① 「してくれ、してください」 외에 「お(ご)―ください、お(ご)―になってください、お(ご)―なさってください、してくださいませ、お(ご)―くださいませ、お(ご)―になってくださいませ、お(ご)―なさってくださいませ」와 같은 경어 형태

② 「―してくださいませんか、―してくださいませんでしょうか」와 같이 부정의문이나 확인요구의 형태 등 다양한 형태가 계속 생겨나 복잡하게 분화하고 있다.

거꾸로 「―して」와 같이 「くれ、ください」를 생략한 형태도 친한 사이의 회화에서 빈번히 사용되고 있다. 이러한 풍부한 변종의 생산도 명령문에는 없는 현상으로, 의뢰문이 명령문을 대신할 발전 형태로서 요청문 중에서 주요한 지위를 차지하고 있음을 뒷받침한다.

규칙 4 권유형

화자가 상대방에게 동작을 권유할 때는 동사를 권유형으로 바꾼다. 화자가 자신의 결심을 나타낼 때도 이 형태를 사용한다.

1) 화자가 상대에게 동작을 권유할 때

太郎、あしたは　こうえんで　サッカーを　しよう。

太郎、あしたは　こうえんで　サッカーを　しましょう。

花子、くらくなったから、かえろう。

花子、くらくなったから、かえりましょう。

2) 화자가 자신의 결심을 표현할 때

ぼくは　あしたから　毎日　6時に　おきよう。

あしたは　はやく　ねよう。

(1) 권유형의 기본적 특징

다른 요청문과 같이 권유문의 동작도 미실현이다. 권유형(しよう·しましょう)에는 명령형(しろ·しなさい)과 의뢰형(してくれ·してください)의 대립과 같은 요청의 절대성 유무, 심리적 부담의 배려 유무 등으로 대립하는 형태는 없다(「しないか·しませんか」로 대행). 「발화장면을 구성하는 인물 중 누가 동작 주체가 되는지에 따라 무드적 의미가 다르다.」(樋口1992:175)

① 동작 주체가 1·2인칭일 때, 권유를 나타낸다.

② 동작 주체가 1인칭일 때, 화자의 결심을 나타낸다.

③ 동작 주체가 2인칭일 때, 우회적인 명령을 나타낸다.

(2) 동작 주체가 1인칭의 경우(결심)

〈단독행동·중얼거림〉

「화자가 혼자서 행동하는 것이라면 그 동작의 결심은 누군가로부터 간섭을 받지 않고 바로 행동에 옮길 수 있다. 그리고 이와 같은 동작의 결심은 혼잣말이나 마음속 중얼거림 등으로 표현된다.」(樋口1992:176)

「ひとつ運だめしをやろう。この夏、本を一冊書いてみよう」かれは和尚さんから、いろいろの詩集や小説をかりることにした。

「もう一度現場へいってみよう」太郎は考えるのをやめてたちあがった。

〈제안·의지표명〉

「상대방에게 자신이 동작을 행할 의지가 있음을 전달한다. 그 의지표명이 상대방에게 받아들여졌을 때, 화자는 바람직하다고 판단한 동작을 실현시킬 수 있다.」(樋口1992:177)

「先生、わたしにもお酒をください、のみたいんです」「コップをもってこよう」

書斎に父はいなかった。「お庭かもしれない。呼んできましょう」母はたっていった。

(3) 동작 주체가 1·2인칭의 경우(권유)

〈요청의 전면화·화자 중심·청자 인도〉

「청자와의 관계 속에서 앞으로의 동작 방향이 정해지고 그렇게 화자가 행동하려고 할 때 그 동작에 청자의 참가가 필요할 경우가 있다. 화자가 행동하려고 결심해도 청자의 참가 없이는 실현할 수 없는 것이다. 그래서 화자는 청자에게 같이 행동할 것을 요청하며, 자신이 중심이 되어 행해지는 동작 속에 청자를 끌어들이려 한다. 상대방을 향한 요청이 전면에 나오게 된다….」(樋口1992:178)

花子は帰ろうとする太郎と明子をつかまえて、「いっしょにうたいましょう。この歌なんかどう?」

〈재촉·화자 주도〉

「동작의 주도권이 화자에게 있고, 그것을 그 동작에 참가하는 사람들이 서로 이해하고 있을 경우…화자는 자신의 행동 속에 청자를 끌어들이려 하지 않고, 상대방에게 동작의 수행을 재촉하기만 하면 된다.」(樋口1992:179)

父は、「太郎、庭へでよう」といって席をたつと、自分から先に庭へ出た。

〈재촉·공통이익〉

「그 동작이 자신뿐 아니라 청자에게도 바람직한 것이라고 판단하고 있다.…주변 상황으로부터 판단해서 그 상황에서는 자신들이 행동하는 것이 좋다고 생각되는 동작을 청자에게 제시하고,…그렇게 행동하도록 재촉하고 있다.」(樋口1992:181)

「もう、バスはない。…タクシーをひろおう」
「花子さん、雨にならないうちに、いそいで帰りましょう」

〈재촉(계기)·진행 중인 공동동작〉
「화자가 결심한 동작이 거기에 있는 사람들이 향하고 있는 방향과 같다면 그것은 상대방을 동작으로 향하게 하는 재촉의 계기가 된다.」(樋口1992:182)

先生は薬をのんでから、「みなさんお待たせしてすみません。さあまいりましょう。」

(4) 동작 주체가 2인칭의 경우(우언적 명령)
「동작을 행하는 것은 청자이고, 화자는 직접적으로는 관여하지 않는다. 화자는 청자에게 앞으로의 동작 방향만을 제시한다. 그 동작은 화자가 바람직하다고 판단한 것이기 때문에, 그 방향으로 행동할 것을 청자에게 요청하게 되면 상대방에게 명령하는 것이 된다. 그러나, 청자의 실행여부를 고려하지 않는 절대적인 것과는 달리 우언적 명령이 된다.」(樋口1992:183)

「花子さん、暑くても上着は着ていましょうね」
「ヘイは、おかしいわ。ハイっていいましょうね。花子さん」

「では、心という漢字を、五つ、ノートにかいてみましょう。丁寧にかくんですよ」

> **규칙 5 평서문**
>
> **화자가 사건을 상대에게 전달할 때는 전달에 부합하는 동사 형식을 사용한다.**

きのう　おとうさんは　しゅっちょうで　大阪に　いった。
きのう　おとうさんは　しゅっちょうで　大阪に　いきました。

わたしは　おみやげに　たこやきを　もらった。
わたしは　おみやげに　たこやきを　もらいました。

あした、おじいちゃんが　くる。
あした、おじいちゃんが　きます。

おとうさんは　駅まで　おじいちゃんを　むかえに　いく。
おとうさんは　駅まで　おじいちゃんを　むかえに　いきます。

(1) 평서문의 서술어에 사용되는 동사의 문법적 범주

화자가 현실의 사건을 확인하여 전달한다는 무드적 의미를 갖는 문장이 평서문이다. 평서문(narrative sentence, declarative sentence)의 서술어에는 직설법(indicative mood)이 사용된다. 평서문의 서술어에 사용되는 동사에는 이하와 같은 문법적 범주가 내재되어 있는데, 이것은 단정/추량형식이 갖는 ≪확인≫의 무드적 의미에서 필연적으로 발생하는 것으로 요청문 등에는 없는 것이다.

① ≪비과거≫와 ≪과거≫의 텐스 대립이 있고, 발화시를 기준으로 동사가 제시하는 동작을 현실의 동작과 관련짓는다.
② ≪단정(assertive)≫과 ≪추량(suppositive)≫의 대립이 있고, 직접확인인지 간접확인인지 사건의 ≪확인 방법≫ 차이를 구별한다. 추량=간접확인의 경우 그 형태는 ≪확실성≫의 범주를 구성한다.
③ ≪기술≫과 ≪설명≫의 형태로부터 성립하는 ≪논리적 결합≫의 범주를 갖는다.
④ ≪현실성≫, ≪가능성≫, ≪필연성≫의 형태가 분화되어, ≪사건의 존재 방식≫을 구분한다.

(2) 평서문의 기본적 의미로서의 ≪확인≫

화자는 자신을 둘러싼 현실 세계 중에서 상대에게 전달할 의미가 있는 사건을 지접 확인하여 그것을 리얼한 사실로서 전달한다. 또 화자는 현실 세계의 사건을 근거로 다른 사건을 만들어 내고, 그것을 화자 자신의 판단이나 상상으로 상대방에게 전달한다. 판단이나 상상으로서의 사건은 화자에 의해 간접적으로 확인된 사건이다. 이런 종류의 ≪확인 방법≫의 차이는 무엇보다도 ≪단정≫의 「する·した」형과 ≪추량≫의 「するだろう·しただろう」형에 의해 표현된다.

규칙 6

사건을 전달하는 형태에는 「する」와 「した」의 두 형태가 있다. 「する」는 미래의 사건을 전달하는 형태이다. 「した」는 과거의 사건을 전달하는 형태이다.

1) 미래의 사건을 전달하는 「する」 형

あした、おじいちゃんが　くる。

あした、おじいちゃんが　きます。

2) 과거의 사건을 전달하는 「した」형

きのう、おばあちゃんが　きた。

きのう、おばあちゃんが　きました。

(1) ≪무드≫와 ≪텐스≫

평서문의 서술어에는 「する」와 「した」의 두 텐스 형식이 사용되는데 그것은 평서문의 무드적 의미가 ≪확인하다≫, 즉 인식적인 태도이기 때문이다. 직접적이든 간접적이든 시간 속에서 전개되는 사건을 ≪확인≫하는 것은 결국 그 사건이 실제로 일어난 것인지, 앞으로 일어날 것인지, 지금 일어나고 있는 것인지를 확인하는 것이다. 즉 사건의 리얼리티를 확인하는 것이다. 이 확인은 시간의 인식을 빼고서는 생각할 수 없다. 사건의 시간을 현실의 시간과 관련짓지 않으면 사건의 리얼리티의 ≪확인≫도 불가능하다. 이런 종류의 관계는 발화시가 기준시가 된다.

(2) 평서문의「する」

「…액추얼한 미래의 텐스적 의미 속에 서술법 단정형의 기본적 의미는 즉, 동사가 표현하는 동작이나 변화가 현실과의 실재적인 관계가 화자에게 있어서 확실한 것으로 표현되고 있는 것이다.」(鈴木1979:17)

「この間書いていたのは、これか」「いや、あれはたった二三日前じゃないか。あの本は来月出る。」

「女あそびほどほどにしないと。齢をとってから後悔しますよ。」

「의미가 액추얼한 미래의 경우, 발언한 순간의 동작이나 변화는, …아직 실현되지 않았다. 따라서 화자는 그 정보를 나름의 방법으로 인식하여 청자에게 전달하는 것이다. 미래의 특정 시간에 확실하게 일어날 것이 예정되어 있는 것을 확실히 인식하여 전달하는 것은 미래에서의 실현을 화자가 어떠한 방법으로든 예측하여 말하는 것이다. 또 그것이 화자 자신의 의지적인 동작이나 변화인 경우, 미래에서의 실현을 의지로서 말하는 것이다.」(鈴木1979:19)

「どうもありがとう。花子と太郎がきっとよろこぶわ。」

「停電だ！電車が停まるぞッ！」

「私は書くわ。女の苦しみや悲しみを書くわ。…」

「화자의 눈앞에서 행한 청자 또는 제3자의 동작에 대해 비난, 의외, 기막힘, 감탄 등의 감정적 평가를 포함해 현재미래형이 사용되는

경우가 있다.」(鈴木1979:29)

「あいつはけしからん。女学生と組むと、実力以上のプレーをする…」
「サルみたいな真似をするね、太郎君は」と、花子はあきれた。

반복적인 사건, 습관적인 사건, 일반적인 사건을 표현할 경우, 거기에 표현되는 무드적 의미의 특수성에 대해서는 앞으로의 연구가 기다려진다.

「…兄はこの頃よくうそをつくの。」
水は百度で沸騰する。

(3) 평서문에서의 「した」

「(발화 이전의 움직임이나 변화) 이것은 새롭게 발생한 사태를 화자가 인식하여 그것을 전달하는 문장에서 볼 수 있다. …회화문에서 제3자의 사건을 표현할 경우, 그 사건을 알게 되어 그것을 청자에게 전달하기 위해서 발화하기 때문에 대부분 발견이라는 무드적 뉘앙스가 동반된다.」(鈴木1979:43)

教室に近づくと、「来たわ、来たわ」というささやきが聞こえた。
「あっ、〔かみなりが〕ひかった！」

「그것이 무의식의 동작이라면 주의를 환기하기 위한 발언이고, 의식적인 동작이라면 비난이나 평가 등을 함축한 발언인 경우가 많다.」

(鈴木1979:43)

「おい、君、さいふをおとしたぞ。」

「何べんでも言ってやるよ、とっとと出て行ってくれ。」「言ったなア…」

규칙 7

평서문에는「する/した」의 단정(assertive) 형식과 대립하는 추량(suppositive) 형식인「するだろう」라는 형식이 사용되고 있다. 단정과 추량은 <화자가 사건을 어떻게 확인하는가>하는 확인 방법이라는 관점에서 서로 대립한다.

「するだろう」는 간접확인을 나타내며「だろう、ようだ·らしい、しそうだ、そうだ、にちがいない、かもしれない」등의 형식을 대표한 것이다.

1) 직접확인(단정)

おとうさんは　来週　大阪へ　行きます(行く)。

おとうさんは　先週　大阪へ　行きました(行った)。

2) 간접확인(추량)

あしたは　雨が　ふるだろう。

あしたは　雨が　ふるようだ。

あしたは　雨が　ふるらしい。

今にも　雨が　ふりそうだ。

あしたは　雨が　ふるそうだ。

あしたは　雨が　ふるにちがいない。

あしたは　雨が　ふるかもしれない。

규칙 8

평서문에는 서술어가 「-のだ」「-わけだ」「-はずだ」「-からだ」 등을 수반하는 경우가 있다. 이와 같은 문장을 설명문이라고 한다. 무표의 형식은 기술문이라고 한다. 설명문은 선행하는 혹은 발화현장에 제시되어 있는 사건에 대하여 설명을 한다.

お客さんを見ると、花子は急にお母さんの後ろに隠れました。花子ははずかしかったのです。

久しぶりに太郎の背をはかってみた。139センチ…この前は130センチちょうどだったから、1年で9センチも伸びたわけだ。

「ここ一番、勉強しなきゃいけないって時に、集中できなくなる」娘のいうことはよくわかった。彼もそうだったからだ。

太郎は教室ではなく職員室の方へゆっくりと歩きだした。先生にあることを質問するためであった。

규칙 9

평서문의 술어문은 사건의 존재방법에 따라서 ≪현실성(現實性)≫, ≪가능성(可能性)≫, ≪필연성(必然性)≫으로 분류할 수 있다.

1) 현실성

花子は　なっとうを　食べる。

花子は　なっとうを　食べた。

花子は　なっとうを　食べるだろう。

花子は　なっとうを　食べただろう。

2) 가능성

花子は　なっとうを　食べることができる。

花子は　なっとうを　食べることができた。

花子は　なっとうを　食べることができるだろう。

花子は　なっとうを　食べることができただろう。

3) 필연성

花子は　なっとうを　食べなければならない。

花子は　なっとうを　食べなければならなかった。

花子は　なっとうを　食べなければならないだろう。

花子は　なっとうを　食べなければならなかっただろう。

연습문제

1. 다음 중 진술성 요소가 아닌 것은?

   ① 서법성 ② 시간성 ③ 보편성 ④ 인칭성

2. 이야기의 목적에 따른 유형 중 그 성격이 다른 것은?

   ① 今日も雨がふっている。

   ② コーヒーものんでくれ。

   ③ いっしょにうたいましょう。

   ④ 駅前でまちなさい。

3. 다음 중 성격이 다른 것은?

   ① ろうかの窓もあけろ。

   ② あしたいい天気になれ。

   ③ あと10分まて。

   ④ 部屋のそうじもしろ。

4. 다음 중 의뢰형으로 볼 수 없는 것은?

   ① がんばってください。

   ② こちらにおかけになってください。

   ③ この薬ものみなさい。

   ④ ごゆっくりおやすみになって。

5. 예와 같이 다음 표를 완성하시오.

	동사	평서형	명령형	의뢰형	권유형
예	飲む	飲みます	飲め	飲んでくれ	飲もう
1)	話す				
2)	遊ぶ				
3)	起きる				
4)	見る				
5)	教える				
6)	寝る				
7)	勉強する				
8)	はっきりする				
9)	帰ってくる				
10)	持ってくる				

〈참고문헌〉

奥田靖雄(1985)「文のさまざま(1)　文のこと」『教育国語』80, むぎ書房

奥田靖雄(1994)「動詞論―終止形のムード―」(未公刊　教科研国語部会瀬波集会講義プリント)

奥田靖雄(1995)「動詞論―終止形のムード―」(未公刊　琉球大学集中講義プリント)

奥田靖雄(1999)「プラグマチカ」(未公刊　北京大学での研究会及び言語学研究会での講義プリント)

奥田靖雄他(2000)『小学生のためのにっぽんご』(プリント版)

鈴木重幸(1972)『日本語文法・形態論』, むぎ書房

鈴木重幸(1996)『形態論・序説』, むぎ書房

村上三寿(1993)「命令文―しろ、しなさい―」『ことばの科学6』, むぎ書房

樋口文彦(1992)「勧誘文―しよう、しましょう―」『ことばの科学5』, むぎ書房

佐藤里美(1992)「依頼文―してくれ、してください―」『ことばの科学5』, むぎ書房

제9장

동사 중지형

규칙 1

계기적으로 일어나는 두 동작을 표현하기 위해서는 두 개의 동사를 나열한다. 나열된 두 동사 중 앞에 놓인 동사는 「して」라는 형태로 만든다. 「して」형은 중지형이라고 부른다.

おとうさんは　ひきだしを　あけて、けしごむを　とった。

花子は　手を　あらって、おやつを　たべた。

わたしは　ポケットから　ハンカチを　だして、あせを　ふきました。

おじいさんは　めがねを　はずして、お客さんの　顔を　みました。

(1) 규칙 1은 동사 중지형「して」에 관한 규정이다. 동사의 중지형에는 ≪제2중지형≫인「して」형과 ≪제1중지형≫인「し」형[5]이 있다. 본서에서는 ≪제2중지형≫인「して」만을 중심으로 동사 중지형의 기본적인 의미·용법을 파악하겠다. 왜냐하면 현대일본어에서 중지형으로 자주 쓰이는 것은「して」형이기 때문이다.

여기에서는「し」와「て」를 분해하지 않고「して」형을 동사의 문법적인 형태로 파악하는 것에서 출발한다. 이렇게 함으로써 비로소「して」가 가진 의미와 기능에 접근할 수 있기 때문이다.

(2) 동사의 중지형「して」는 문장 안에서의 기능을 토대로 명명하자면 ≪연용형≫에 해당한다. ≪연용형≫이란, 두 개의 동사를 연결할 때 술어의 위치에 나타나는 정형동사[6]와는 별개로, 선행하는 동사가 취하게 되는 형식이다. 전통적인 국문법에서는 연용형은「し」 형식뿐인데,「して」를 동사가 취하는 하나의 형식이고 인식한다면, 이 형식도 연용형이라 할 수 있다. 또한「しながら」「してから」「したり」 등의 형식도 정형동사에 선행하는 동사가 취하는 형태이므로 이 형식들도 연용형이라고 불러도 무방할 것이다.

---

5) 제1중지형인「し」는 전성명사의 어형, 즉「つる→つり」「おどる→おどり」「およぐ→およぎ」 또는 복합동사 내의 전항동사의 어형, 즉「はしる+まわる=はしりまわる」「とぶ+あがる=とびあがる」「おす+つぶす=おしつぶす」로도 쓰인다.

6) 정형동사(finite verb)란, 일반적으로 수·인칭·시제·법·태 등을 나타내는 동사 형식. 일본어에서는 종지형이 이에 해당하는데,「塩漬けにした茄子をきって、それをめいの小皿につけて、もってきた」와 같이 후속하는 동사가 꼭 종지형이라고는 할 수 없으므로 言語学研究会·構文論グループ(1989)에 따라 종지형이 아닌 정형동사로 부르기로 한다.

父は新聞をよみながら、朝ごはんをたべる。

田川さんを送ってから、花子は自分の部屋へかえった。

父は毎朝、新聞をよんだり、テレビをみたりする。

言語学研究会·構文論グループ(1989)를 기반으로 동사 연용형의 패러다임을 정리하면 아래와 같다.

기본형	제1중지형	제2중지형	동시형	선행형	공존형
する	し	して	しながら	してから	したり

전통적인 국문법에서 동사 연용형 「し」는 연용형의 하나의 형식일 뿐이다. 동사의 형태론적 형식을 문장 안에서의 기능에 따라 연용형·종지형·연체형으로 구분한 것은 전통적인 국문법이 이룬 큰 성과 중의 하나이지만, 동사에서 조사·조동사를 분리함으로써 본래 패러다임에 위치시켜야 할 문법적인 형식을 제외시키는 결과로 이어져 접속관계만 정리된 형식적인 활용표가 만들어지게 되었다.

⑶ 규칙 1의 예문은 모두 〈계기적으로 일어나는 두 동작(선행·후속관계)〉을 나타낸다. 중지형 「して」로 표현되는 동작은 정형동사로 표현되는 동작에 대해서 시간적으로 선행하는 동작이다.

おとうさんは　ひきだしを　あけて、けしごむを　とった。

花子は　手を　あらって、おやつを　たべた。

わたしは　ポケットから　ハンカチを　だして、あせを　ふきました。

おじいさんは　めがねを　はずして、お客さんの　顔を　みました。

선행·후속관계를 제일 먼저 제시한 이유는 사용례가 많고, 이 용법이 「して」형의 전형이라 할 수 있기 때문이다. 또한 선행·후속관계는 〈제7장 동작과 변화〉에서 이미 다룬 내용이므로 이해하기 쉬울 것이다.

규칙 2

동시에 같이 일어나는 두 동작을 표현할 경우에도 두 개의 동사를 나열한다. 나열된 두 동사 중 앞에 놓인 동사는 중지형을 취한다.

おとうとは　ゆびを　おって、かずを　かぞえた。
いもうとは　手を　あげて、横断歩道を　わたった。
おとうさんは　あせを　ながして、ラーメンを　たべました。
わたしは　声を　だして、本を　よみました。

규칙 2의 예문은 모두 〈동시에 같이 일어나는 두 동작(동시관계)〉을 나타낸다. 중지형 「して」로 표현되는 동작은 정형동사로 표현되는 주요동작과 동시적으로 진행된다. 규칙 1과 규칙 2의 예문은 중지형 「して」와 정형동사의 관계를 시간적 관계로 파악한 것이다.

규칙 3

중지형으로 결합된 두 동작은 주요동작과 종속동작으로 구분된다. 주요동작은 뒤에 위치한 동사, 종속동작은 앞에 위치한 동사로 표현한다.

1) 종속동작이 주요동작보다 먼저 발생한 경우

おとうさんは　ひきだしを　あけて、けしごむを　とった。

花子は　手を　あらって、おやつを　たべた。

わたしは　ポケットから　ハンカチを　だして、あせをふきました。

おじいさんは　めがねを　はずして、お客さんの　顔をみました。

2) 종속동작이 주요동작과 동시에 같이 발생한 경우

おとうとは　ゆびを　おって、かずを　かぞえた。

いもうとは　手を　あげて、横断歩道を　わたった。

おとうさんは　あせを　ながして、ラーメンを　たべました。

わたしは　声を　だして、本を　よみました。

(1) 규칙 3의 규정은 서술어 위치에 오는 정형동사가 〈주요동작〉을 나타내고, 중지형「して」가 〈종속동작〉을 나타내는 것으로 두 동작의 의미적 관계에 대해 서술한 것이다. 이 규정이야말로 중지형「して」의 본질적인 특징이라 할 수 있으며, 원칙적으로는 이 규정부터 설명해야 마땅하다. 그러나 규칙 1과 2를 먼저 제시한 이유는 시간적인 관계(선행·후속관계, 동시관계)부터 설명하는 것이 두 동작(주요동작과 종속

동작)의 관계를 이해하기에 용이하기 때문이다.

덧붙여 「して」로 제시되는 동작은 주요동작과의 관계에서 종속동작을 담당하면서 하나로 완성된 복합적인 동작을 형성한다. 이 주요동작과 종속동작과의 복합성은 시간적 선행·후속을 나타내는 예문에도, 시간적 동시성을 나타내는 예문에도 공통적으로 나타나는 본질적인 의미특징이다[7]. 규칙 1과 2의 예문이 규칙 3에서 반복적으로 쓰이는 까닭은 이러한 본질적인 의미특징을 강조하기 위해서이다. 言語学研究会·構文論グループ(1989)는 다음과 같이 설명하고 있다.

> 두 개의 동사로 제시되는 두 동작이 제2중지형으로 결합된 경우, 두 동작 중 하나는 중요한 것이고, 다른 하나는 부차적인 것으로 작용하면서 하나의 복합적인 동작을 형성한다. 정형동사로 제시되는 주요동작은 성립상의 필요조건으로 제2중지형으로 제시되는 종속동작을 요구하며, 종속동작이 선행되지 않거나, 동반되지 않으면 주요동작은 성립하지 않는다. 따라서 복합적인 동작은 시간적 관계라는 관점에서 보자면 선행·후속 관계에 놓인 두 동작의 결합이기도 하고, 동시에 진행되는 두 동작의 결합이기도 하다. 어느 경우도 주요동작과 종속동작의 결합이라는 면에서는 동일하지만, A코스(역자 주: 규칙 2의 예)와 B코스(역자 주: 규칙 1의 예)와 같은 전개 방식의 차이를 결정짓는다. 또한 시간적 관계로 구별되는 두 개의 용법은 「してから」와 「しながら」와의 차이에도 각각 대응되며, 이와 같은 변형 방식의 차이로도 나타난다.
>
> 言語学研究会·構文論グループ(1989:16)

7) 선행·후속관계를 나타내는 「して」를 「してから」로 바꾸거나 동시관계를 나타내는 「して」를 「しながら」로 바꾼 경우, 「して」가 가진 복합성은 사라지고 단지 선행·후속관계나 동시관계가 남는다. 형태가 다르다는 것은 비록 의미적으로는 비슷해도 완전히 동일한 것은 아니다. 내용과 형식은 분리할 수 없는 관계이다.

(2) 규칙 3의 예문 1)은 종속동작(부차적 동작)이 주요동작(중요동작)보다 먼저 발생하는 선행·후속의 경우이다.

おとうさんは　ひきだしを　あけて、けしごむを　とった。
花子は　手を　あらって、おやつを　たべた。
わたしは　ポケットから　ハンカチを　だして、あせを　ふきました。
おじいさんは　めがねを　はずして、お客さんの　顔を　みました。

言語学研究会·構文論グループ(1989)는 선행하는 동작과 후속하는 동작의 관계에 대해 다음과 같이 설명하고 있다.

> 두 동작이 제2중지형으로 묶여 하나의 복합동작을 형성하게 될 때 대부분의 경우 두 동작 사이에 선행·후속이라는 시간적 관계를 볼 수 있다. 정형동사로 제시되는 주요동작이 실현됨에 있어서 미리 준비되어야 할 상태가 제2중지형으로 제시되는 동작에 의해 실현되는 것이다. 따라서 제2중지형으로 제시되는 동작은 정형동사로 제시되는 동작과의 관계에 있어서 반드시 선행되어야 한다. 그리고 동작이 완결되어 결과적 상태로 남아 이것이 주요동작을 실현하기 위한 조건으로서 작용한다. 이때 제2중지형을 취한 동사는 퍼펙트성을 띠고 있다. 이러한 의미에서 제2중지형으로 제시되는 동작은 주요동작에 선행하는 부차적인 동작으로 나타나면서 두 동작의 완성성이 생겨난다. 다시 말해 제2중지형의 동사가 함축적으로 나타내는 ≪상태≫ 속에서만 정형동사로 제시되는 동작은 진행될 수 있다.
>
> 言語学研究会·構文論グループ(1989:20)

규칙 3의 1)의 예문에서「ひきだしをあけて」「手をあらって」「ハンカチをだして」「めがねをはずして」등의 선행하는 동작은 모두 동작의 완결, 결과적 상태(퍼펙트성)를 나타내고 있고, 후속하는 주요동작

이 실현되기 위한 필요조건으로서 작용하고 있다. 그리고 이들의 종속동작은 주요동작과 결합함으로써 하나의 완성된 동작(복합동작)을 형성한다.

太郎は電気をつけて、時計をみた。
花子は鞄をひきよせて、くちべにをだした。
ワイシャツを座布団の上にひろげて、アイロンをかけた。
まもなく、次郎は電気をけして、布団にはいった。

(3) 규칙 3의 예문 2)는 종속동작이 주요동작과 동시에 발생하는 경우이다.

첫 번째 예문「おとうとはゆびをおって、かずをかぞえた」에서 중지형「して」는 정형동사가 나타내는 주요동작이 진행될 때 동반되는 종속동작을 나타내고 있다. 이 종속동작은 주요동작에 부속되어 있다는 의미로 두 동작은 복합적으로 묶여 있다고 할 수 있다. 추가적으로 예문을 들자면 아래와 같다.

次郎は母の手紙を顔におしあてて、ないた。
隣の客は、ダンサーの肩をだいて、ささやきあっている。
小さなマイクを口もとにあてて、説明をしている。

두 번째 예문「いもうとは手をあげて、横断歩道をわたった」에서 중지형「して」는 정형동사로 제시되는 동작 주체의 ≪행위상태≫를 표현하고 있다. 이러한 ≪행위상태≫ 속에서 주요동작이 진행되고 있으므로 하나의 동작만이 존재한다. ≪행위상태≫와 주요동작의 관계 또한 복합적이라 할 수 있다. 중지형을 취하는 동사로는「たつ」「すわる」「しゃがむ」「ねそべる」「手をあげる」「首をかしげる」「足をなげだす」와 같은 ≪행위동사≫가 있으며, 이는 주요동작이 발생할 때의 ≪자세≫를 나타낸다.

花子は机の前にきちんとすわって、本をよんでいる。
おばあさんは道ばたにしゃがんで、子どもたちのままごとをながめていた。
先生はいすの上にふんぞりかえって、ドイツ語の教科書を音読した。
太郎は机に肘をついて、うっとりと花子の踊りにみとれている。

≪행위상태≫가 ≪복장≫을 나타내는 경우도 있다.

社長が黒いスーツをきて、はいってきた。
おばあさんは、手ぬぐいをかぶって、部屋のそうじをしていた。

중지형「して」가 ≪행위상태≫가 아니라 주요동작에 선행하는 ≪행위동작≫을 나타내는 경우도 있다. 이러한 경우 두 동작의 관계는 선행·후속관계이며, 동시관계는 성립하지 않는다.

おじいさんは、一度たって、夕刊と老眼鏡とをもってきた。
花子は椅子をもってきた。太郎と次郎はそれにこしかけて、はなした。

いもうとはサンダルをつっかけて、門まで明子をおくってでた。

彼女は脱いだばかりのコートをまたはおって、門をでた。

세 번째 예문「おとうさんはあせをながして、ラーメンをたべました」에서 중지형「して」는 주요동작에 수반되어 동시에 자연발생적으로 일어나는 현상을 표현하고 있다. 추가적으로 예문을 들자면 아래와 같다.

太郎は、手をぬらして、びわの皮をむきながら、女性の肌のようだと思った。

네 번째 예문「おとうとは声をだして、絵本をよみました」에서 중지형「して」는 정형동사로 제시되는 동작의 측면을 파악함으로써 해당 동작의 양상, 양태를 특징짓는다. 두 동작 사이에는 시간적인 관계가 사라지고 하나의 동작에 구체성이 더해진 모습으로 표현되고 있을 뿐이다. 이때 중지형「して」가 부사로 이행하기 시작한다고 봐도 무방할 것이다. 추가적으로 예문을 들자면 아래와 같다.

赤ん坊は廊下をはって、玄関のほうへいった。

太郎と次郎が、いっしょに声をあげて、なきだした。

縁側ではおじいさんが、大きないびきをたてて、ねむっていた。

부사화된「して」에는 심리적 상태, 심리활동에 수반되는 표정이나

몸짓 등을 나타내면서 정형동사로 제시되는 동작을 특징짓는 예도 있다.

私は、足の先が痛いのをがまんして、たちあがった。
刑事は、少しおちついて、その物体をながめることができた。
花子は振り返ると、目をつりあげて、太郎をにらんだ。
次郎は胸をのりだして、小川のむこう岸の雑草のあいだを、目でさがしてみた。

중지형「して」의 부사화에 대해서 言語学研究会·構文論グループ(1989)은 아래와 같이 지적하고 있다.「して」가 가진 복합성이 부사화의 전제가 된다는 지적은 매우 중요하다.

> 동사의 제2중지형이 부사화 과정을 거치는 것은 아마도 제2중지형이 동작 방식이나 양태, 심리활동에 수반되는 표정과 몸짓, 동작에 수반되는 감정과 마음가짐을 표현하면서 정형동사로 제시되는 동작을 특징짓는 데 있다고 할 수 있다. 두 동작의 복합을 표현하는 경우에는 제2중지형의 동작성은 확고히 유지되는 데에 반해, 제2중지형의 부사화가 진행됨에 따라 동작성이 서서히 사라져간다. 동사성의 소실은 무엇보다 먼저 다양한 요소를 동반해서 쓰이는 동사의 구문론적 능력의 소실로 이어지게 될 것이다. 그리고 부사화의 완성, 즉 부사화된 제2중지형은 단독으로 정형동사에 직접 관여한다. 예를 들어「いそいで」「あわてて」「だまって」「そろって」「ならんで」「きそって」「おもいきって」「あまんじて」「うちとけて」「きどって」와 같은 부사. 이러한 종류의 부사화 과정이 제2중지형에서 진행된다는 사실은 제2중지형을 제1중지형과 구별시키는 두드러진 특징이라 할 수 있다. 복합성이라는 의미특징은 부사화의 전제로서 발현되는 것이다.
>
> 言語学研究会·構文論グループ(1989:32)

덧붙여, 부사화된 중지형「して」는 제12장 부사에서 다시 다룬다.

(4) 위와 같이 중지형「して」의 본질적인 의미특징은 주요동작과 종속동작의 복합성이다. 그렇다면 제1중지형「し」와의 차이점은 무엇인가. 言語学研究会·構文論グループ(1989)는 제1중지형의「し」와 제2중지형의「して」와의 차이점에 대해 다음과 같이 설명하고 있다.

> 두 동작·상태가 동사의 제2중지형으로 결합하게 되면 주요동작·상태와 종속동작·상태와의 사이에 종속적인 관계가 생기는데, 제1중지형으로 결합하게 되면 이러한 종속적인 관계는 생기지 않는다. 다시 말해 종속적인 관계 속에 놓인 두 동작·상태는 제2중지형으로 표현되는 데 반해 비종속적인 관계에 놓인 두 동작·상태는 제1중지형으로 표현된다. 이러한 사실은 제1중지형과 제2중지형을 하나의 패러다임 속에서 대립시켜야 할 필요성을 불러일으킬 것이다. 기본적으로 적어도 일반적인 경향에서는 동사의 제1중지형이 두 동작 사이의 비종속적인 관계를 표현하고 있다고 한다면, 제2중지형은 종속적인 관계를 표현하고 있다고 간주해야 한다(이하 생략).
>
> 言語学研究会·構文論グループ(1989:14)

이와 같이 제1중지형과 제2중지형의 차이는 중지형과 서술어 위치에 오는 정형동사가 나타내는 두 동작이 비종속적인 관계인지, 종속적인 관계인지에 있다. 이러한 차이는「たって、ごはんをたべる」「あるいて、川をわたる」(제2중지형:종속적)라고는 쓸 수 있으나,「*たち、ごはんをたべる。」「*あるき、川をわたる。」(제1중지형:비종속적)라고는 쓸 수 없는 점에서도 분명히 드러난다. 이로써 제1중지형으로 결합된 두 동작은 상대적으로 독립적이고 대등한 관계로 볼 수 있다. 이러한 관계를 ≪병렬≫이라고 한다. 아래는 제1중지형의 예이다. 두 동작은 상대적으로 독립적이고 대등한 관계를 이루고 있다.

父は、タバコの煙をはき、おおきくうなずいた。

学生は、教室のなかをちょっとのぞきこみ、たちさった。

社長は細い目を名刺にはしらせ、その男の顔にもどした。

太郎は、ひとりで布団を敷き、電気を消した。

또한 제1중지형은 두 동작의 관계가 상대적으로 독립적이고 대등하기 때문에 동일 주체에 의한 두 동작(위의 예문)을 나타내는 예문뿐만 아니라 주체가 상이한 두 동작을 배열한 예문도 많이 보인다. 전자와 같이 주어가 하나, 술어가 두 개인 문장은 ≪이중술어문≫, 후자와 같이 주어도 술어도 두 개씩인 문장은 ≪병렬복문≫[8]이다. 아래는 제1중지형의 ≪병렬복문≫이다.

駐車場にはトラックがとまり、子どもが二三人あそんでいる。

サイレンが鳴り、戦闘機が上空を飛んでいった。

한편 제2중지형「して」예문에서는 두 동작의 주체가 동일한 경우가 압도적으로 많다. 이는 두 동작이 하나로 완결되어 복합동작을 형성하는 것으로「して」의 의미적 성격과 관계가 있기 때문이다. 또한 제2중지형「して」로 연결된 문장의 구조는 형식적으로는 ≪이중술어

8) 병렬복문(ならべあわせ文)이란 복문(複文)의 한 종류로, 두 동작 혹은 사건이 대등한 관계로 나열된 문장을 말한다. 이와 관련해서 鈴木(1972:164-167)는 종래의 문법론에서 쓰이던 〈복문〉과 〈중문(重文)〉을 일괄해서 〈복합문(複合文、あわせ文)〉이라고 명명했다. 복합문에는 〈병렬복문〉과 두 동작 혹은 사건이 종속 관계를 이루는 〈종속복문(したがえあわせ文)〉이 있다.

문≫의 형식을 취하지만, 「いもうとは手をあげて、横断歩道をわたった」「おとうさんはあせをながして、ラーメンをたべました」「おとうとは声をだして、本をよみました」와 같이 동시관계를 나타내는 경우에는 서술어라기보다는 연용수식어로서 기능하는 예가 많으므로 주의가 필요하다.

⑸ 중지형 「して」가 쓰여도 복합적인 동작을 나타내지 않는 경우도 있다. 이러한 경우 두 동작 사이의 관계는 원인·결과의 관계가 된다. 아래의 예문에서는 선행하는 동작은 원인으로 작용하고, 후속하는 동작은 그 결과로서 작용하고 있다.

二年生の男の子が、ジャングルジムからおちて、しんでしまったという。
主人は急に高い熱をだして、意識がなくなりましたが、翌日から少しずつ熱もさがりました。
私の祖父は、大地震で家の下敷きになって、やけしんだそうだ。
妹はけがをして、医者にかよっている。

⑹ 「ならぶ」「はさむ」「へだてる」「そう」「めぐる」와 같은 공간적인 배치관계를 나타내는 동사가 중지형을 취하면 공간적인 관계의 양상

을 표현하게 된다. 이 경우 중지형 「して」는 후치사화[9]가 시작된다.

花子は湖に飛びこみ、明子とならんで、ボートのまわりをおよぎはじめた。

太郎は、花子を連れてきて、大きなテーブルの角をはさんで、むきあった。

イギリスとフランスは、ドーバー海峡をへだてて、向かい合っている。

次郎は、太い木の幹に背中を接して、たっていた。

규칙 4

당연히 해야 할 동작을 하지 않고 다음에 이어지는 동작을 할 때에는 중지형을 부정형으로 만든다.

花子は　ごはんを　たべないで、ねた。

いもうとは　手を　あらわないで、おやつを　たべた。

おとうとは　おもちゃを　かたづけないで、おやつを　たべました。

太郎は　ふろに　はいらないで、ねました。

9) 후치사란 「단독으로 문장의 부분이 되지 않고, 명사의 격형태(또한 그 외 단어의 명사 상당형식)와 결합해서 해당 명사와 다른 단어와의 관계를 나타내기 위해 발달한 보조적인 단어이다」(鈴木1972:499). 「おいて、ついて、むかって、関して、めぐって、もって」 등을 가리킨다.

(1) 규칙 4는 부정형에 대한 규정이다. 정확하게 말하면 여기에 제시한 형식은 부정형의 중지형이다. 중지형은 부정형을 기반으로 만들어진다(しない→しないで). 제1중지형은 「~ず」「~ずに」의 형태가 있는데, 이는 고전어의 부정동사 「~ず」형을 계승한 것이다.

	제2중지형	제1중지형
たべない	たべないで	たべず(に)
あらわない	あらわないで	あらわず(に)
かたづけない	かたづけないで	かたづけず(に)
はいらない	はいらないで	はいらず(に)

주요동작은 중지형 「して」로 제시되는 종속동작을 성립의 필요조건으로 삼는다. 한편 규칙 4의 예문에서는 필요조건으로서의 동작을 하지 않고 주요동작만 취하고 있다. 필요한 동작을 하지 않은 점에서 〈당연히 해야 할 동작을 하지 않고〉라는 규정이 나온다.

규칙 5

의뢰하는 형식은 중지형에 「くれ」「ください」를 결합해서 만든다. 보통 또래끼리의 대화에서는 중지형만 사용한다.

ペンを　かして　くれ。

ペンを　かして　ください。

ペンを　かして。

本を　みせて　くれ。

本を　みせて　ください。

本を　みせて。

けしごむを　とって　くれ。

けしごむを　とって　ください。

けしごむを　とって。

(1) 의뢰형「してくれ」「してください」는 동사 중지형에 보조동사「くれ」「ください」를 결합시킨 문법적 복합동사(동사+보조동사)이다.「して」는 보조동사가 생략된 형태로 친한 사이에 쓰이는 표현이다.

형태론적 레벨에서 보면 의뢰형「してくれ」「してください」「して」는 명령형「しろ」「しなさい」, 권유형「しよう」「しましょう」와 함께 동사의 명령법의 하나이다. 또한 구문론적 레벨에서 보면 서술어가 의뢰하는 형식을 취하는 문장은 의뢰문이라고 하고, 명령하는 형식을 취하는 명령문, 권유하는 형식을 취하는 권유문과 함께 ≪청유문≫의 하위분류의 하나로서 규정지을 수 있다.

텍스트에는 없으나 의뢰형에는「してくれたまえ」「しておくれ」「してちょうだい」등이 있다. 또한「してください」계열에는「おつたえください」「ご唱和ください」와 같은「お(ご)~ください」형,「おたずねになってください」「ご覧になってください」와 같은「お(ご)~になってください」형,「たべてくださいませ」「みてくださいませ」와 같은「してくださいませ(し)」등의 형식이 있다.

규칙 6

동작이 계속되는 경우나 변화의 결과로 인한 새로운 상태가 계속되는 경우를 나타내는 형식은 중지형에 「いる」를 결합시켜서 만든다.

わたしは　いま　海で　およいで　いる。
わたしは　いま　海で　およいで　います。

きのうの　午後も　わたしは　およいで　いた。
きのうの　午後も　わたしは　およいで　いました。

さくらの　花が　さいて　いる。
さくらの　花が　さいて　います。

入学式に　さくらの　花が　さいて　いた。
入学式に　さくらの　花が　さいて　いました。

(1) 동사 「している」형은 중지형 「して」에 보조동사 「いる」를 결합시킨 문법적 복합동사(동사+보조동사)이다. 동사는 「している」형을 취함으로써 동작이 계속되는 의미나 변화의 결과로 나온 새로운 상태가 계속되는 의미를 나타낸다.

동작과 변화를 시간적인 과정으로 파악하는 동사의 문법적 카테고리를 애스펙트라고 한다. 「している」형은 계속상이라고 불리며, 완성상으로 불리는 「する」형과 애스펙트적 의미에서 대립을 이룬다. 동사의 애스펙트 형식인 완성상과 계속상은 텐스와의 관계에서 아래와 같이 정리할 수 있다.

텐스 \ 애스팩트	보통체		정중체	
	완성상	계속상	완성상	계속상
비과거	する	して いる	します	して います
과 거	した	して いた	しました	して いました

「およいでいる/およいでいます」「およいでいた/およいでいました」는 동작이 계속된다는 의미를 나타낸다. 이와 대조적으로「さいている/さいています」「さいていた/さいていました」는 변화의 결과로 나온 새로운 상태가 계속된다는 의미를 나타낸다. 전자는 동작을 나타내는 동사(동작동사)이고, 후자는 변화를 나타내는 동사(변화동사)이다.

연습문제

1. 제2중지형「して」에 대한 설명으로 틀린 것은?

① 「して」로 결합된 두 동작은 주요동작과 종속동작으로 구분되며, 이들의 복합성은「して」의 본질적인 의미특징이다.

② 「して」의 전형적인 용법은 시간적으로 선행·후속관계를 나타내는 예문이다.

③ 「して」의 부사화는 공간적인 배치관계를 나타내는 경우에 일어난다.

④ 「して」로 결합된 두 동작은 주체가 동일한 경우가 압도적으로 많다.

⑤ 「して」는 두 동사를 연결하는 연용형으로 정형동사와는 종속적인 관계를 이룬다.

2. 밑줄 친 중지형이 나타내는 시간적 의미관계(계기 또는 동시)를 적으시오.

1) お雪は母の手紙を顔におしあてて、ないた。

⇒

2) まもなく、ぼくは電気をけして、寝床にはいった。

⇒

3) コンパクトほどの、マイクロホンを、口もとにあてて、説明をしている

⇒

4) 里子が道ばたにしゃがんで、近所の女の子たちのままごとをながめていた。

⇒

3. 제1중지형과 제2중지형의 형태적, 의미적 차이점을 각각 서술하시오.

〈참고문헌〉

鈴木重幸(1972)『日本語文法・形態論』, むぎ書房

言語学研究会・構文論グループ(1989)「なかどめ—動詞の第二なかどめのばあい—」『ことばの科学2』, むぎ書房

제10장

문장구조 (2)

제3장 문장구조 (1)에서는

① 명사와 동사, 명사와 형용사, 명사와 명사를 결합시키는 것으로 주어와 서술어로 구성되는 문장이 만들어지는 점,
② 각각의 문장은 사람이나 사물의 ≪동작·변화·상태≫, ≪특성·상태≫, ≪본질≫을 나타내는 점,
③ 동사는 명사(필요한 대상)나 부사(양태나 정도)를 사용하여 확장되며, 명사는 형용사(새로운 특징)나 다른 명사(관계)를 사용하여 확장되는 점

을 확인하였다.

이번 장의 전반(규칙 1~3)에서는 다음과 같은 사항을 다룬다.

① 주어에는 명사가, 서술어에는 동사·형용사가 온다(주요 품사의 기본적 의미·기능).

② 문장은 체언과 용언의 조합으로 구성되는 점, 체언과 용언이 각각 주어와 서술어가 된다(단어의 어휘·문법적 분류와 기능의 관점으로부터의 특징부여).

③ 주어에 동사·형용사를 쓰면 체언화를 시키고, 서술어에 명사를 쓰면 용언화를 시킨다.

후반(규칙 4~9)에서는 2차적인 문장성분을 다룬다. 제3장에서는 1차적인 문장성분(주어와 서술어)에 한정하여 문장성분의 개념을 도입하였으나, 이번 장에서는 2차적인 문장성분(보어, 연용수식어, 연체수식어, 상황어)의 기능을 다룬다. 2차적인 문장성분에는 명사, 동사, 형용사, 부사에 속하는 다양한 품사가 있다. 따라서 문장에서 각 단어들이 하는 기능을 이해하기 위해서는 각 품사의 형태론적 형태와 의미에 관하여 어느 정도 알아두어야 할 필요가 있다. 여기에서 사용하는 용어는 다음과 같다.

太郎が	走っている	문장 = 사건 (사물의 동작) 사물의 특징이나 질
주어	서술어	문장성분
주체	동작	구문·의미적 구조/구문론적 의미
명사	동사	단어의 종류 = 품사
체언	용언	어휘·문법적 종류 (구문·기능적 관점에서의 단어의 분류)
사람	속성	일반적인 어휘적 의미 = 범주적 의미
피서술	서술	구문·기능적 구조/구문론적 기능

1. 주어와 서술어

규칙 1

문장은 보통 주어와 서술어로 구성된다. 서술어는 동작이나 변화나 상태, 특성이나 본질을 제시한다. 주어는 그 동작이나 변화나 상태, 특성이나 본질의 주체를 제시한다. 문장은 주어와 서술어를 결합하여 사건을 묘사하거나 사물의 특성이나 본질을 설명한다.

1) 사건을 묘사하는 문장

太郎が	はしる。
주어	서술어
동작 주체	동작

雪が	とける
주어	서술어
변화 주체	변화

星が	かがやく。
주어	서술어
상태 주체	상태

2) 사물의 특성이나 본질을 설명하는 문장

レモンは	すっぱい
주어	서술어
특성 주체	특성

ペンギンは	鳥だ
주어	서술어
변화 주체	변화

(1) 의미구조와 기능구조

규칙 1은 제3장 문장구조 (1)에서 이미 확인한 것이다. 주어·서술어의 분화(分化)가 없는 일어문(一語文, one-member sentence, 독립어문)도 있지만, 대부분의 문장은 주어와 서술어의 결합으로 이루어진 이어문(二語文, two-member sentence, 술어문)이다. 주어는 넓은 의미의 ≪사물≫을 나타내고 서술어는 그 ≪동작·변화·상태, 특성·질≫, 한마디로 말하자면 ≪속성≫을 나타낸다. 그러나 현실 세계에서 ≪사물≫과 ≪속성≫은 따로 떼어 놓을 수 없다. ≪속성≫을 갖지 않는 ≪사물≫이란 있을 수가 없으며, ≪사물≫은 항상 ≪속성≫의 주체이다.

문장은 단어를 직접적 구성요소로 하는 구조물이다. 그러한 문장을 가지고 현실의 사건을 묘사하기 위해서는 그 사건을 ≪사물≫과 ≪속성≫으로 나누고, 그리고 나서 그 둘을 다시 결합하는 분석·종합적인 방법을 취해야 한다. 무한(無限)한 현실을 유한(有限)한 단어로 표현하기 위해서, 그리고 시간의 흐름에 따라 단어를 배치하는 언어활동의 특수성으로 인해서 그러한 분석·종합적 수단이 필요하다.

문장은 현실의 사건을 묘사하는(반영) 일과 그 묘사된 의미로서의 사건을 상대에게 전달하는 일, 이 두 가지를 기본적인 사명으로 한다. 반영의 관점에서 보는 ≪사물≫과 ≪속성≫의 의미구조는 전달의 관점에서 보면 ≪피서술≫과 ≪서술≫이라는 기능적 구조이기도 하다. 즉 문장은 〈서술되는 사물=주어(무엇에 관하여 이야기하는가)〉를 제시한 후에 〈그것에 관하여 서술한다=서술어〉라는 구조를 취한다. 문장 전체가 담당하는 전달의 기능을 분담하면서 주어는 ≪피서술≫의 기능을, 서술어는 ≪서술≫의 기능을 맡는다. 의미적 구조의 요소는 의미(범주적 의미, 구문론적 의미)이고, 기능적 구조의 요소는 기능(구문론적 기능)이다. 문장은 의미적 구조와 기능적 구조의 통일체이다.

	太郎が	はしった。	レモンは	すっぱい。
	주어	서술어	주어	서술어
의미적 구조	사람(동작주)	속성(동작)	사물(소유주)	속성(특성)
기능적 구조	피서술	서술	피서술	서술

(2) 주어·서술어와 진술성

奥田(1984)는 문장의 내용에 반영된 현실 세계의 사건을 「주체(=화자)에 의해서 만들어진 객체」라는 뜻으로 ≪문장의 대상적 내용≫이라고 부르고, 그 존재양식을 무드적 의미(modus)라고 부른다. 문장은 내용과 형식의 관계에 있는 이 두 측면의 통일체이며, 무드적 의미의 차이에 따라 평서문, 희구문, 명령문, 의문문과 같은 네 가지의 전달적 유형으로 나뉜다.

화자의 관점에서 문장의 대상적 내용과 현실과의 관계를 표현하는 구문론적 범주는 일반적으로 모달리티라고 하지만, 무드적 의미는 「모달리티 중에서도 가장 중요한 역할을 담당하고 있어 문장의 존재에 있어 필수 불가결한 것」(奥田1985:24)이다. 모달리티는 템포랠리티, 퍼스낼리티(personality)와 더불어 문장을 형성하며 다른 언어단위로부터 문장을 구별시키는 본질적인 구문론적 범주로 진술성을 구성하는 요소이다.

「우리들은 주어로서 기능하는 단어와 서술어로 기능하는 단어를 결합하여 현실 세계에서 일어나는 사건을 인식하고 서술하는 것이다. 따라서 문장은 현실 세계의 사건에 관한 진술 predication이며, 그 진술은 주어와 서술어를 결합하는 것으로 이루어진다. 이렇게 주어와 서술어의 결합은 진술적 관계로서 나타난다.」

(奥田1988:27-28)

주어와 서술어의 결합은 대상적 내용을 분할적으로 나타내며 그와 동시에 대상적 내용과 현실과의 관계, 즉 진술적 의미도 의무적으로 표현한다. 문장의 대상적 내용인 사건이 화자에게 어떠한 의미를 갖는지(모달리티), 발화시점을 기준으로 하여 언제 일어나는지(템포랠리티), 화자와의 관계 속에서 누구에게 일어나는 일인지(퍼스낼리티)를 표현해야 한다. 그렇지 않으면 그 문장은 현실과의 관계성이 결여되어 의사소통은 성립하지 않는다. 서술어의 형태론적 형식은 진술성을 표현하기 위해서 중심적인 역할을 담당하지만, 그 이전에 주어와 서술어의 조합 그 자체가 진술적 의미를 표현하는 수단이 된다.

주어와 서술어는 서로가 서로의 존재를 전제로 하는 상관적인(相關的) 문장성분이다. 주어는 무엇보다도 문장의 인칭성을 직접적으로 표현하는 존재이며 문장에 묘사되는 운동이 누구에게 일어나고 있는 것인지, 속성이 누구의 것인지, 화자와의 관계 속에서 나타내야 한다. 주어는 「인칭을 매개로 한 모달리티와 특수한 관계를 갖는다」(鈴木1972a:219). 서술어의 무드·텐스와 주어의 인칭과의 사이에는 일정한 제약이 보인다.

	〈무드〉	〈인칭〉	〈텐스〉
평서문	평서법	1·2·3인칭	있음
		일반인칭	없음
희구문	희구법·의지법	1인칭	없음
권유문	명령법	2인칭	없음
	권유법	1·2인칭	없음

또 일반적인 부류를 가리키는 명사를 주어로 갖는 문장, 일반적인 법칙을 서술하는 문장의 서술어에는 시제의 분화가 없다(「鮭は産卵期になると川をのぼる」「水は百度でふっとうする」). 주어의 지시적 유형과 서술어의 무드·텐스 사이에는 밀접한 관련이 있다. 이러한 현상은 주어와 서술어가 하나의 짝이 되어 문장의 진술성에 관여하고 있음을 나타낸다. 서로 제약관계에 있는 인칭성(1·2·3인칭, 일반인칭, 불특정인칭…)을 표현하는 주어와 무드·텐스를 표현하는 서술어를 화자가 결합함으로써 문장의 의미로서의 사건이 만들어지는 것이다. 주어와 서술어의 결합은 진술적 결합으로 문장의 모달리티, 템포랠리티, 퍼스낼리티을 나타내는 형식이다.

(3) 의미구조와 기능구조의 모순

문장을 직접적으로 구성하는 요소인 단어와 연어(連語)는 문장의 대상적 내용을 분할하여 나타내며 다른 문장성분과의 관계(구문론적 의미)나 현실과의 관계(진술적 의미)를 표현한다. 문장은 사건을 나타내고 상대방에게 전달하기 위해서 그 내부에 몇 가지 요소로 구성되는 구조를 갖는다. 이 요소들 사이에 구조적 결합이 형성된다. ≪주체≫와 ≪객체≫와 ≪동작≫, ≪도구≫와 ≪시간≫과 ≪공간≫, ≪양태≫와 ≪정도≫ 등은 구문론적 의미로, 이 구조적 결합 안에서 담당하는 역할을 나타낸다.

그러나 이러한 종류의 구문·의미적 구조는 요소 사이의 의미적 결합만 표현할 뿐, 요소들을 조합하여 문장으로 조직화해 나아가는 법칙에 관해서는 아무것도 설명하지 않는다. 「ぼくが　パンを　たべた」와 「ぼくが　たべた　パン」과 「パンを　たべた　ぼく」는 모두 ≪주체≫, ≪객체≫, ≪동작≫으로 구성되는 구문·의미적 구조이지만 이 예문들의 차이를 설명하는 능력은 이 구조에서는 찾을 수 없다.

타동사문의 문장성분은 전달의 관점에서 「≪피서술≫-≪보충≫-≪서술≫」의 기능을 담당하고, 이 문장성분들을 요소로 하는 기능적 구조를 만든다. 능동문에서 ≪주체≫는 주어의 위치에 와서 ≪피서술≫이라는 기능을 한다. 그러나 수동문에서는 ≪객체≫가 주어의 위치에 와서 ≪피서술≫의 기능을 하고, ≪주체≫는 보어의 위치에 와서 ≪보충≫이라는 기능을 한다.

〈능동문〉

りょうしが	くまを	ころした。
주체	객체	동작
피서술	보충	서술

〈수동문〉

くまが	りょうしに	ころされた。
객체	주체	동작
피서술	보충	서술

이어문의 대부분은 「주어는 주체(동작주, 특성의 주체)를 나타낸다」라는 의미론적 규정으로 설명이 가능하나 수동문을 시야에 넣으면 이 규정은 모순된다. 모든 이어문의 주어에 대한 규정은 기능적 구조의 관점에 이루어져야 한다. ≪주체≫이거나 ≪객체≫이거나 기능의 관점에서 보면 모두 ≪피서술≫이며, 주어는 문장 전체가 담당하는 전달의 요구에 부응하여 ≪피서술≫의 기능을 분담하고 있는 성분이다.

(4) 문장의 의미적 타입과 주어

사건을 표현하는 문장(동사술어문, 형용사술어문)의 주어는 「が」의 형태를 취하며, 사물의 특징이나 본질을 표현하는 문장(형용사술어문, 명사술어문, 드물게 동사술어문)의 주어는 「は」의 형태를 취한다.

(5) 문장의 분할

≪주체≫, ≪객체≫, ≪동작≫의 구문·의미적 구조에 더해 ≪피서술≫, ≪보충≫, ≪서술≫의 구문·기능적 구조를 시야에 넣더라도 「妹が　パンを　たべた」와 「妹は　パンを　たべた」와 「パンは　妹が　たべた」의 차이, 이 예문들과 「妹が　たべたのは　パンだ」와 「パンを　たべたのは　妹だ」의 차이를 설명할 수 없다.

장면·문맥 속에서 화자·청자에게 정보의 신·구에 따른 문장의 분절, 이른바 ≪액추얼한 분할[10]≫의 관점이 필요하게 된다. 이야기의 첫 문장은 모든 것이 미지(未知, 레마 또는 신정보)의 요소로 구성된다. 이 경우 동사술어문의 주어는 「が」의 형태를 취한다(「むかしむかし　あるところに、おじいさんと　おばあさんが　おりました」). 선행 문맥에서 기지(既知, 테마 또는 구정보)로 주어진 주어는 「は」의 형태를 취한다(「おじいさんは　山へ　しばかりに、おばあさんは　川へ　せんたくに　いきました」). 이러한 종류의 문장은 기지가 주어로 그 외의 부분이 미지로 이루어진다.

10) 20세기 전반의 체코 언어학자 Vilém Mathesius가 도입한 개념으로 같은 사건을 어떻게 인식하고, 화자가 청자에게 무엇을 전달하고 싶어하는가에 관한 구별을 나타내는 개념.

2. 용언과 체언

규칙 2

보통은 명사가 주어의 위치에 나타난다. 서술어의 위치에 나타나는 것은 동사나 형용사이다.
서술어의 위치에 나타나는 단어를 용언이라고 한다. 주어의 위치에 나타나는 단어를 체언이라고 한다. 따라서 동사와 형용사는 용언이고, 명사는 체언이다.

太郎が	はしる。
주어	서술어
명사	동사
체언	용언

レモンは	すっぱい。
주어	서술어
명사	형용사
체언	용언

(1) 체언·용언의 규정

(광의의) 사물은 동작이나 특징(특성·관계·질)의 주체이며, 동작이나 특징은 사물이 지닌다. 문장은 이러한 현실 세계의 사건·사물의 동작·특징을 반영하여 전달하기 위해서, 사물을 나타내는 단어를 주어로, 동작이나 특징을 나타내는 단어를 서술어로 한다. 서술어가

되어 사물의 동작이나 특징을 나타내는 능력을 가진 단어, 즉 동사와 형용사를 용언이라 하고, 주어가 되어 사물을 나타내는 능력을 가진 단어, 즉 명사를 체언이라고 한다. 체언·용언은 문장에서 수행하는 기능(여기에서는 주어가 되느냐, 서술어가 되느냐)의 관점에서 단어를 분류해서 일반화한 어휘·문법적 종류이다. 이러한 분류는 일반적인 어휘적 의미의 성격=범주적 의미로서의 ≪사물≫과 ≪속성≫에 대응한다. 기능의 관점에서 보면 체언은 주어가 되는 능력을 지닌 단어이고, 용언은 서술어가 되는 능력을 지닌 단어이다. 의미의 관점에서 보면 체언은 ≪사물≫을 가리키는 단어이고, 용언은 ≪속성≫ 즉 ≪동작≫이나 ≪특징≫을 가리키는 단어이다.

「범주적 의미는 요소=단어의 문법적 의미와의 관계 속에서 어휘적 의미를 일반화하는 방법으로 얻을 수 있다. 범주적 의미의 계층에 있어 가장 기본적인 것은 체언과 용언이다」

奥田(1984:163)

≪체언≫, ≪용언≫을 〈문장에서 수행하는 기능의 관점에서 일반화한 범주적 의미의 공통성에 바탕을 둔 (초품사적) 단어의 종류〉라고 규정해 두자. 체언(명사)은 주어(그리고 보어)로서 기능하기 때문에 형태론적으로 곡용(격·toritate·나열의 범주에 기초한 어형변화)의 체계를 갖는다. 용언(동사·형용사)은 서술어로서 기능하기 때문에 형태론적으로 활용(시제·서법에 따른 어형변화)의 체계를 갖는다. 체언도 용언도 각각 어휘적 의미에 어울리는 독자적 문법적 형식(의미·기능)의 체계를 갖고 있으며 이러한 종류의 분류는 각각의 체계를 배경으로 하고 있다.

또한 학교문법도 「체언」「용언」의 용어를 사용하지만 학교문법에서는 조사·조동사를 단어로 인정하고 있기 때문에 이 용어들이 의미하는 것은 본서에서 사용하는 용어와는 전혀 다르다. 학교문법에서는 체언(=명사)은 문법적 의미를 갖고 있지 않으며 오로지 어휘적 의미만을 갖는 단어로 곡용의 개념은 없다. 용언에 관해서도 조사·조동사와의 접속, 혹은 단속(断続)에 따라서 〈활용〉하는 단어라고 보는 관점으로 일관하여 형식주의적 규정에 그치고 있으며, 활용형을 상호작용하는 문법적 범주의 유기적 체계로 인식하지 않는다.

(2) 체언·용언을 다루는 의미

동사와 형용사를 ≪용언≫의 범주로 묶는 것은 이 두 품사가 문장에서 모두 서술어로서 쓰이고 (주어가 가리키는) 사물의 운동이나 특징을 나타낸다는 공통점을 가지고 있기 때문이다. 이 공통적인 기능적·의미적 특성을 바탕으로 해서 텐스·무드·대우법·극성 등의 일부 형태론적 범주도 공유하게 된다.

호응하는 명사에 맞추어 성·수·격의 범주를 갖고 그러한 점에서 명사에 가까운 인구어의 형용사와 비교하면, 일본어의 형용사는 텐스·무드·대우법·극성 등의 이른바 〈용언적 카테고리〉를 갖추고 있기 때문에 동사에 가까운 품사라 할 수 있다. 체언·용언의 개념을 도입함으로써 형용사는 한편으로는 체언적 범주인 격·toritate·나열을 갖춘 명사와의 대립이 명확해지고, 다른 한편으로는 같은 용언 안에서 태, 애스펙트, 수수·의도(もくろみ)를 나타내는 범주의 유무에 따라 구별되어 동사와의 차이도 명확해진다.

또 규칙 5 이하에서 문장의 2차적 문장성분에 관하여 다루지만, 여기에서 나오는 ≪연체수식어≫, ≪연용수식어≫의 의미·기능을 이

해하기 위해서는 미리 ≪체언≫, ≪용언≫의 개념을 알아둘 필요가 있다. 수식·피수식 중에서 ≪피수식≫ 능력에서 보면 체언은 연체적 형식으로 수식되고(「パンのたべ方」「学校のちかく」「ともだちとのつきあい」「母からの返事」…), 용언은 연용적 형식으로 수식된다(「パンをたべる」「学校にちかい」「ともだちとつきあう」「母から返事がくる」).

3. 용언화·체언화

> **규칙 3**
>
> 그러나 명사는 서술어로 쓰이는 경우도 있다. 그때 명사는 체언에서 용언으로 바뀐다. 이것을 용언화라고 한다.
> 반대로 동사나 형용사가 주어의 위치에 나타나 체언으로 쓰이는 경우도 있다. 이것을 체언화라고 한다. 문장은 체언과 용언의 조합이다.

1) 용언화

太郎は	学生だ。	
주어	서술어	
명사	명사	
	체언	
	⇩	용언화
체언	용언	

2) 체언화

はしるのが　　はやい。

주어　　서술어

동사

용언　　형용사

⇩ 체언화

체언　　용언

すっぱいのが　　おいしい。

주어　　서술어

형용사　　형용사

용언

⇩ 체언화

체언　　용언

(1) 용언화·체언화

일반적으로 명사는 주어로 쓰이지만 서술어로 쓰이는 경우가 있고, 동사나 형용사는 보통 서술어로 쓰이지만 주어로 쓰이는 경우가 있다. 명사는 서술어로 쓰이게 되면 텐스·무드의 체계를 갖게 되어 동사와 형용사에 가까워진다. 이것을 ≪용언화≫라고 한다. 또 동사나 형용사는 주어로 쓰이게 되면 격 범주를 갖추게 되고 명사에 가까워진다. 이것을 ≪체언화≫라고 한다.

이미 서술한 바와 같이 출발점으로 하고 있는 문장에서의 ≪주어=피서술=체언=사물≫-≪서술어=서술=용언=속성≫의 도식은 술어문의 성립과 함께 매우 안정된 규범적인 구조로서 기능하고 있다. 이 구조의 각각의 요소를 바꾸어서 주어에 용언을, 서술어에 체언을 배치하면 일단은 규범에서 벗어나 불안정한 구조가 된다. 그러나 다시금 안정을 유지하려고 하는 구조의 요구에 따라 형식적으로도 의미적으로도 그 용언을 체언으로, 체언을 용언으로 수정하는 힘이 작용한다. 이렇게 동사·형용사를 주어로, 명사를 서술어로 배치한 불안정한 모순된 문장도 모순의 해소와 안정을 찾아 동사·형용사를 체언화하면서 ≪사물≫성을 획득하고, 명사는 용언화하면서 ≪속성≫성을 획득한다. 이렇게 함으로써 출발점이었던 문장인 ≪주어=체언≫과 ≪서술어=용언≫의 조합으로 바뀌어 간다.

(2) 용언화·체언화의 방법

명사가 서술어로 쓰여 용언화할 때 그 명사는 계사를 만드는 교착접미사 「だ」를 동반한다. 서술어가 된 명사 「~だ」는 형용사와 마찬가지로 텐스·무드, 대우법, 극성의 문법적 범주를 가지며, 종지·연체·연용·조건 등으로 활용한다.

동사·형용사가 주어로 쓰여 체언화할 때, 그 동사·형용사는 명사를 만드는 조사 「の」를 수반한다. 체언화한 동사·형용사는 명사와 마찬가지로 격·toritate·나열의 범주를 갖는다. 체언화는 동사·형용사를 핵으로 하는 연어나 문장을 주어로 만드는 방법으로 이루어진다(「このにもつをもちあげるのはたいへんだ」). 이 「~するの」의 형태는 명사와 달리 텐스, 애스펙트, 태, 수수, 의도, 극성 등의 용언적 범주를 가지고 있으며, 「にもつを」와 같이 연용형식으로 수식을 받는다(「にもつのもちあげ」를 참조).

과거에는 체언화를 거치지 않고서 체언과 같이 쓰이는 경우도 있었으나(「いうはやすく、おこなうはかたし」「しらぬがほとけ」「きくはいっときの恥、きかぬは一生の恥」「坊さんかんざし買うをみた」), 이 형태는 현대어에서는 생산력을 잃었다. 그 대신 형식명사 「こと」나 「もの」와의 조합이 널리 쓰이고 있다(「メモをとることがたいせつだ」「なんでもいいから、たべるものがほしい」「かれはしじゅう東京を脱出することをゆめみています」). 이 형태도 용언적 범주를 가지면서 전체가 명사와 같이 기능하고 있다. 체언화의 방법 중 하나로 보아도 좋다.

동사는 연용형으로 바꾸고, 형용사는 「さ」「み」 등의 접사를 붙이거나 하는 전성의 절차를 밟아 많은 명사가 만들어진다(「つり、おどり、よみかき、問い、かたむき、あそび、よごれ、はがれ、疲れ…」「濃さ、あつさ、あおさ、うれしさ、かなしさ、さびしさ、けだるさ…、あかみ、かなしみ、おもしろみ、うまみ、あたたかみ、あまみ、おもみ…」). 이 동작명사, 특성명사, 상태명사는 체언화가 완성되어 용언적 범주에 속하는 문법적 형식의 체계를 상실했다. 이 명사들은 오로지 체언적 범주에 따라 곡용한다.

(3) 용언화·체언화의 본질

동작, 변화, 상태, 특징을 나타내는 동사나 형용사도 주어의 위치에 와서 ≪피서술≫의 기능을 하는 결과, 그 동사·형용사는 체언화(사물화)가 되는 과정을 거친다. 주어의 위치에 나타난다는 것은 그 동작, 변화, 상태, 특성도 또한 서술어와의 관계에서 어떠한 ≪속성의

주체≫가 된다는 것을 의미한다(「あるくのがむずかしい」「およぐことがとくいだ」「うごきがはやい」).

용언의 체언화, 체언의 용언화는 문장의 발전 과정에서 필연적으로 발생한 현상일 수 있다. 인간은 사물을 대상으로 하여 그 운동, 특징을 인식하고 그것을 전달하는데, 이러한 전달에 그치지 않고 운동이나 특징 그 자체도 분석 대상으로 하여 그 운동이나 특징의 ≪속성≫도 인식할 필요가 생겨난다. 운동이나 특징에도 특성이 부여되며 다양한 관점에서 평가를 받는다(「しゃべりがうまい」「さむさがきびしい」). 그러나 운동이나 특징도 ≪속성 주체≫로 나타나는 이상에는 ≪사물≫이기 때문에 그 ≪속성≫을 문장에 반영하려 한다면 그 운동이나 특징을 일단 ≪사물화≫해야 한다. 이러한 요구에 따라서 운동이나 특징을 가리키는 동사나 형용사는 주어에 놓이고 ≪피서술≫의 기능이 부여되어 의미적으로도 형태론적으로도 체언화한다.

한편 인간은 구체적 현상으로서 사물의 운동을 인식할 뿐만 아니라 그것을 일반화해서 현상의 배후에 숨어있는 본질을 혹은 특성을 인식해야 하는 필요성이 생긴다. 「空気は　気体だ」「戦争は　悪だ」「サクラは　バラ科だ」와 같은 명사술어문은 그러한 요구에 부응하는 문장이다. 서술어 자리에 체언이 올 때 화자는 주어에 놓은 사물의 특징을 인식하면서 그 사물의 속성을 서술하는 것이다. 그 체언은 ≪서술≫의 기능을 하도록 요구받고 있기 때문에 의미적으로도 형태적으로도 용언으로 가까워진다.

(4) 체언화·용언화를 다루는 의의

용언을 주어로 놓고, 그 용언에 ≪피서술≫의 기능을 담당하게 하는 것은 운동이나 특징과 같은 추상적 개념을 사고의 대상으로 보고, 그 속성을 특징짓거나 개념 간의 관계를 나타내거나 하는 문장을 만드는 것을 의미한다. 또한 앞서 서술한 바와 같이 체언을 서술어에 놓고 그 체언에 ≪서술≫의 기능을 맡게 하는 것은 명사술어문을 만드는 것으로, 기본적으로 주어에 위치하는 사물의 특징을 표현하는 것을 의미한다. 즉 동사술어문처럼 일시적 현상을 묘사하는 문장이 아니라 시간을 초월한 항상적 본질을 나타내는 문장을 만드는 것을 의미한다.

4. 문장의 1차적 성분과 2차적 성분

규칙 4

보통은 주어로 기능하는 단어나 서술어로 기능하는 단어에 새로운 단어를 조합해서 문장의 의미를 한층 더 자세하게 만든다.
주어와 서술어는 문장의 의미의 토대이므로 주어와 서술어를 문장의 1차적 성분이라고 한다. 주어와 서술어 외의 성분을 문장의 2차적 성분이라고 한다.

1) 주어에 새로운 단어가 결합하는 경우

あかい　花が　さいた。

大きい　いぬが　ほえて　いる。

キリンの　足は　ほそい。

かんこくの　キムチは　からい。

2) 서술어에 새로운 단어가 결합하는 경우

太郎が　ボールを　けった。

次郎が　自転車に　のった。

花子が　ゲラゲラ　わらった。

犬が　ワンワン　ほえた。

(1) 문장이 나타내는 의미의 토대가 되는 주어·서술어의 결합

이미 언급한 바와 같이 주어와 서술어는 이어문 구성의 기본적 토대이며, 문장성립을 조건 짓는 진술성의 표현에서 중심이 되는 문장성분이다. 이 두 성분은 유기적인 상관관계에 있으며 여타 다른 문장성분에도 종속되지 않는다. 따라서 이어문은 1차적 문장성분인 주어와 서술어로 구성되며, 이 구성을 2차적 문장성분인 보어, 연용수식어, 상황어, 연체수식어로 확장시킬 수 있다. 2차적 문장성분은 주어·서술어의 존재를 전제로 하여 규정되지만 주어·서술어는 2차적 문장성분의 존재를 전제하지 않고서도 규정할 수 있다. 주어·서술어가 없는 2차적 문장성분이라고 하는 것은 없으나, 2차적 문장성분을 갖지 않는 이어문, 즉 주어와 서술어로만 이루어진 문장은 있을 수 있다.

(2) 2차적 문장성분

2차적 문장성분은 주어와 서술어에 혹은 주어와 서술어의 결합에 혹은 다른 2차적 문장성분에 종속되고 그것들이 나타내는 의미를 보충하거나 자세하게 하는 성분이다. 주어와 서술어의 존재를 전제로

하고 있다는 점에서 〈2차적〉이다. 주어와 보어에 결합하는 2차적 문장성분은 연체수식어이다. 연체수식어에는 형용사의 연체형, 연체격 명사, 동사 연체형이 있다. 서술어와 결합하는 2차적 문장성분은 보어와 연용수식어이다. 보어에는 연용격 명사가 있고 연용수식어에는 부사가 있다.

또한 2차적 문장성분에는 ≪상황어≫도 포함되는데 규칙 4는 ≪상황어≫를 염두해 둔 규정은 아니다. 상황어는 주어와 서술어의 조합에서 나타날 수 있는 2차적 문장성분이다. 상황어에는 시간명사, 장소명사, 현상명사, 동작성명사 등이 있다.

5. 2차적 문장성분

규칙 5

2차적 문장성분은 보어, 연체수식어, 연용수식어, 상황어 네 종류로 나눌 수 있다.

1) 보어

太郎が　ボールを　けった。
次郎が　自転車に　のった。
花子は　学校へ　いった。
明子は　毛糸で　マフラーを　あんだ。
ぼくは　じろうと　けんかした。

2) 연체수식어

あかい　花が　さいて　いる。
キリンの　足は　ほそい。

3) 연용수식어

雨が　ザアザア　ふった。
かみなりが　ゴロゴロ　なった。

4) 상황어

庭で　カラスが　ないて　いる。
きのう　太郎は　映画を　みた。
台風で　さくらの木が　たおれた。
おかあさんは　スーパーへ　かいものに　いきました。

(1) 기능적 요소로서의 2차적 성분

문장의 기본적 사명은 현실의 사건을 묘사하는 일과 그것을 청자에게 전달하는 일이다. 반영과 전달이라는 사명을 다하기 위하여 직접적 구성요소로서의 문장성분은 ≪문장의 대상적 내용≫을 분담하여 나타내면서, 서로 구조적으로 결합되어 있다. 예를 들어「えかきが　キャンバスに　えのぐを　いっきに　ぬりはじめた」라는 문장이 있다고 하면 ≪주체–부착점–객체–방법–동작≫과 같은 의미적 구조(구문·의미적 구조)를 형성하고 있다. 이 구문·의미적 구조는「현실의 사건에서 사물이 하는 역할, 사물의 운동을 반영하고 있지만, 문장을 구성하고 있는 요소의, 문장 안에서의 역할을 나타내고 있는 것은 아니다」(奥田1984:164). 구문·의미론적 구조로는 나타낼 수 없는「문장을 구성하는 요소의, 문장 안에서의 역할」의 표시하는 것이야말로 ≪구문·기능적 구조≫이다.

「어떠한 사물이라도 전체를 이루는 사물이 부분으로 만들어지는 것이지만, 이 부분도 물질이기 때문에 전체로서의 사물은 부분들 사이의 물질적 결합으로 나타난다. (…)문장의 구문·의미적 구조도 요소로서 나타나는 어휘적 의미가 만들어내는 물질적 구조를 갖추고 있다고 할 수 있다. 그러나 이 물질적 구조는 전체 안에서 요소가 하는 역할에 관해서는 아직 아무것도 알려주지 않는다.

어떠한 사물이라도 이 요소는 전체 안에서 어떠한 역할, 임무 혹은 사명을 부여받아 물질적 구조 안에 나타나게 될 것이다. 어떤 요소는 다른 요소와 물질적으로 결합되어 있을 뿐만 아니라, 각각 자기 자신의 기능도 가지고 있어서 그 기능도 서로 결합되어 있다. 따라서 요소는 그 물질적 실체라는 관점에서 보면 구조적 결합을 구성하고 있을 뿐만 아니라 그 기능이라는 관점에서도 구조적 결합을 이루고 있다. 사물은 물질적 구조를 가지고 있을 뿐만 아니라 기능적 구조도 가지고 있는 것이다. 기능적 구조에 들어오는 요소는 기능 그 자체이다.

(奥田1984:165)

보어, 연용수식어, 상황어, 연체수식어와 같은 문장의 2차적 문장성분도 1차적 문장성분과 마찬가지로 각각 자신들만의 복잡하고 다양한 구문·의미적 역할(=구문론적 의미)을 담당하고 있다. 예를 들어 ≪대상≫, ≪정도≫, ≪시간≫, ≪공간≫, ≪주체≫…등. 문장성분에게 우선적으로 중요한 것은 이러한 의미 그 자체가 아니라, 그 성분이 담당하고 있는 기능(문장 전체가 수행하고 있는 기능 중 어떠한 것을 분담받아 어떻게 수행하고 있는가)이다. 기능을 나타내는 것은 의미이지만 문장성분의 구문론적 의미는 그 성분의 구문론적 기능에 알맞게 선별되고 고정된 결과로, 문법적 기능이 이 성분의 문법적 의미를 결정짓는다. 따라서 문장성분은 우선 기능이라는 관점에서 이해하여야 한다.

6. 보어

> ● **규칙 6**
>
> **보어는 동작의 성립에 필요한 사람이나 사물을 제시하여 동사인 서술어를 보충한다.**

太郎は　きった。
太郎は　紙を　きった。

電車が　わたった。
電車が　橋を　わたった。

いもうとは　はった。
いもうとは　かべに　絵を　はった。

花子は　いった。

花子は　学校へ　いった。

明子は　あんだ。

明子は　毛糸で　マフラーを　あんだ。

太郎は　けんかした。

太郎は　じろうと　けんかした。

(1) 보어

서술어에 종속되며 서술어가 제시하는 동작, 상태, 특성의 성립에 필요한 (광의의) 대상을 보충하는 문장성분이 보어이다. 서술어가 나타내는 의미의 부족한 부분을 보충하는 보어의 역할은 서술어의 위치에 오는 단어가 갖는 결합능력이 실현되는 것을 뜻한다. 구문·의미적 구조의 요소로는 (협의의) 대상, 상대, 부착점, 제거점, 도구, 존재장소, 목적지, 출발점 등 다양한 역할로 나타나지만, 구문·기능적 구조의 요소로서는 모두 ≪보충≫의 기능을 한다. 그 기능에 어울리게 서술어의 바로 앞에 놓이는 경우가 많다. 보어에는 が격, を격, に격, へ격, で격, と격, から격, まで격의 명사가 위치한다. 직접보어나 상대보어를 나타내는 보어는 대응하는 수동문이나 상호구문의 주어가 될 수 있지만 간접보어는 기본적으로 주어와 자리를 바꾸는 경우는 없다.

서술어와의 구문·의미적 관계에 따라서 보어를 아래와 같은 타입으로 나눌 수 있다. 문장성분이 구문·기능적 구조 요소라고 한다면 그 성분에 공통하는 기능을 추출하여 필요에 따라서 기능의 하위 종류를 분류하고, 그 하위분류들의 기능으로 보어를 규정할 수 있으면 문장성분론으로서는 완결된다. 직접보어, 상대보어, 간접보어의 구별은 주어와의 상호이행에 연관된 기능적 분류이고 보어의 하위분류로서 문장성분론의 대상이 된다.

≪직접보어≫

① 작용 대상 (くまをうちころす)

② 생산 대상 (せんばづるをおる)

③ 수수 대상 (絵本をあげる)

④ 심리·인식활동 대상 (マンガがすきだ、彼は中国語がわかる)

≪상대보어≫

⑤ 만나는 대상 (先生にであった)

⑥ 상호동작의 대상 (おかあさんと相談した)

⑦ 동료 (ともだちとあそんだ)

⑧ 언어활동의 대상 (国民に真実をつたえる)

⑨ 수수활동의 대상 (花子からけしごむをかりた)

⑩ 수동태의 상대 (横綱が大関になげとばされた)

⑪ 사역활동의 상대 (先生は学生に本をよませる)

≪간접보어≫

⑫ 부착점 (かべにパスターをはる)

⑬ 제거점 (木からかきの実をもぐ)

⑭ 도구 (なたでまきをわる)

⑮ 재료 (毛いとで手ぶくろをあむ)

⑯ 내도의 대상 (野球の選手にあこがれる)

⑰ 상태가 나타나기 위해 필요한 대상

위치관계 (駅からとおい)

유사하거나 같거나 다른 관계 (自由はわがままとことなる)

효력·능력이 발휘되는 대상 (カラフト犬はさむさにつよい)

적당·부적당한 대상 (あの奥さんはいかにも彼にふさわしい)

⑱ 존재물의 존재장소 (たなにおきものがある)

소유물의 존재장소 (仙台に家をかりた)

인지한 사물의 존재장소 (かべにらくがきをみつけた)

출현물·생산물의 존재장소 (ひたいからあせがでる、庭にブランコをつくる)

⑲ 목적지 (学校へゆく、駅まであるく)

⑳ 출발점 (家をでる、道からはずれる)

동작이 시작하는 범위 (おりかえし点からあるく)

경유점 (まどからにげる)

동작의 시간적 한계점 (会議は6時からはじまって7時におわった)

7. 연체수식어

> **규칙 7**
>
> **연체수식어는 명사가 제시하는 사람이나 사물의 두드러진 특징을 선별하여 그 사람이나 사물을 다른 사람이나 사물로부터 구별한다.**

チューリップが　さいて　いる。

あかい　チューリップが　さいて　いる。

しょうじきな　こどもは　おかしを　もらった。

よくばりな　こどもは　なにも　もらえなかった。

次郎は　パンを　たべた。

次郎は　まるい　パンを　たべた。

次郎の　かばんは　大きい。

花子の　かばんは　小さい。

(1) 연체수식어

연체수식어는 명사로 만들어진 문장성분을 수식하고 그 명사가 나타내는 사물의 특징을 더욱 상세하게 하거나 그 명사가 나타내는 사물을 한정하는 문장성분이다. 형식적으로는 형용사·동사의 연체형, の격 명사가 쓰인다. 동사나 명사가 연체수식어가 될 때 그 동사나 명사는 형용사화 현상이 일어난다(「すんだ水」「医者の父」)

명사로 만들어진 문장성분은 주어나 보어일 뿐만 아니라 서술어, 경우에 따라서는 상황어가 되는 경우도 있다. 연체수식이는 이러한 문장성분을 수식한다.

주어를 수식하는 경우: しろいバラがさいた。

となりの赤ちゃんがわらった。

보어를 수식하는 경우: とおくの海をみていた。

にごった水をすてた。

서술어를 수식하는 경우: アキラはかけだしの会社員だった。

かんたんにはとけない問題だ。

상황어를 수식하는 경우: つまらない噂でおおさわぎになった。

きのうの夜、火事があった。

8. 연용수식어

규칙 8

연용수식어는 동사가 제시하는 동작의 양태나 정도, 시간적 길이나 횟수 등을 선별하여 그 동작을 다른 동작으로부터 구별한다.

1) 동작의 양태

花子が　わらった。

花子が　ケラケラ　わらった。

花子が　クスクス　わらった。

2) 동작의 정도

おとうさんは　ごはんを　たくさん　たべました。

おかあさんは　ごはんを　すこし　たべました。

3) 동작의 시간적 길이

わたしは　1時間　べんきょうした。

おとうとは　2時間　べんきょうした。

4) 동작의 횟수

ぼくは　きょうかしょを　1回　読んだ。

次郎は　きょうかしょを　2回　読んだ。

(1) 수식어

수식어는 〈서술어에 수반되어 서술어가 나타내는 운동이나 특징의 속성을 상세하게 ≪수식≫하여 다른 운동·특징과 구별하는 기능을 하는 문장성분〉이다. 위 예문에서는 수식어가 ≪양태≫, ≪정도≫, ≪시간적 길이≫, ≪횟수≫를 수식 한정하고 있다. 그 외에도 주체·객체·동작의 ≪양≫(5軒ある、十キロはしった、5ひきつった), ≪변화결과의 상태≫(まっかにさいた、赤にかわった) 등이 있다. 수식어의 재료로서는 부사(양태부사, 정도부사, 시간부사), 명사의 で격, 수량명사, 동사의 제2중지형이 쓰인다.

ばたばた(はいる)、ぴんぴん(はねまわる)/ ゆっくり(あるく)、どっさり(ぬる)/ たくさん(かがやく)、いっしょうけんめい(ためる)/ たのしく(うたう)、ひどく(つかれる)/ ていねいに(あらう)、しずかに(ねむる)/ おおごえで(よぶ)、はだしで(あるく)/ 5はい(たべる)、13びき(つった)/ いそいで(かけのぼる)、ならんで(とまっている)/ とても(あつい)、すこし(こわい)、たいへん(おもしろい)

9. 상황어

규칙 9

상황어는 문장이 나타내는 사건이 어디에서 일어났는지, 언제 일어났는지, 왜 일어났는지, 무엇을 위해 일어났는지를 명확하게 해준다.
상황어는 공간 상황어, 시간 상황어, 원인 상황어, 목적 상황어로 나눌 수 있다.

1) 공간 상황어

庭で　うぐいすが　ないて　いる。

池で　さかなが　およいで　いる。

2) 시간 상황어

きのう　太郎は　えいがを　みた。

次郎は　10時に　ねた。

3) 원인 상황어

風で　せんたくものが　とんだ。

明子は　かぜで　やすんだ。

4) 목적 상황어

おかあさんは　デパートへ　かいものに　いきました。

おとうさんは　大阪へ　しゅっちょうに　いきました。

(1) 상황어

상황어는 구문·기능적으로는 주어와 서술어의 조합에 수반되는 ≪배경성분≫이다. 구문·의미적으로는 대상적 내용인 사건 배경이 되는 장소나 시간을 나타내거나, 사건 밖에서 원인으로서 혹은 목적으로서 기능하여 그 사건 발생을 초래하는 또 하나의 다른 사건을 나타낸다.

≪배경성분≫의 기능은 상황어 대부분이 문두에 위치하거나 혹은 어순이 상대적으로 자유로운 분포에 드러나 있다. 단독으로 상황어가 되는 단어는 공간명사, 시간명사, 현상명사, 동작성명사이다. 「(~の)ために、せいで、おかげで、(~に)よって」와 같은 명사와 후치사의 조합도 상황어가 된다.

또한 동사의 연용형(또는 동작성명사)에 「に」의 형태를 취하게 한 ≪목적≫ 상황어의 경우, 그 목적달성을 위한 동작은 「くる、いく、もどる」와 같은 극히 소수의 이동동작에 한정된다. 어순도 이동동사의 직전에 오는 경우가 많다. 「とりに　くる」와 같은 조합은 하나의 뭉치로 합성서술어로 이행해 가는 것처럼 보인다. 목적 상황어가 되는 것은 「しばかり」「せんたく」「つり」와 같은 동작성명사뿐만이 아니다. 「まつりを見にいく」「本を買いにくる」「道をききに交番による」「ガス栓をしめに家にもどる」「スイッチを消しに校舎内をあるきまわる」의 「見」「買い」「きき」「しめ」「消し」는 동작성을 가지면서 「に」의 형태를 취하여 동작의 목적을 나타내는 상황어로서 기능하고 있다.

연습문제

1. 다음 문장의 문장성분을 ①1차성분과 2차성분으로 나누고, ②2차성분을 보어, 수식어, 상황어 등으로 나누시오.

   1) 庭には　黄色い　花と　バラ色の　花が　きれいに　さきました。

   2) 父は 山登りが 好きで、日本では 富士山に、フランスではモンブランに 登りました。

   3) ちょっとした　不注意から　火事が　起こりましたが、すぐ　消し止められました。

   4) 友達と　二人で　海辺で　裸足で　夜まで　遊びました。

   5) あしたは　7時に　起きて、8時の　電車に　乗って、町を　出ましょう。

〈참고문헌〉
大槻邦敏(1987)「主語における≪は≫と≪が≫のつかいわけ」『教育国語』91号, むぎ書房
奥田靖雄(1956)「日本語における主語」(奥田靖雄(1984)『ことばの研究・序説』むぎ書房に所収)
奥田靖雄(1963)「『文法教育の革新』について」(奥田靖雄(1984)『ことばの研究・序説』むぎ書房に所収)
奥田靖雄(1978)「文の構造について」(教科研国語部会瀬波集会プリント)
奥田靖雄(1979)「意味と機能」『教育国語』79,むぎ書房(奥田靖雄(1984)『ことばの研究・序説』むぎ書房に所収)
奥田靖雄(1984)『ことばの研究・序説』, むぎ書房
奥田靖雄(1988)「文の意味的なタイプ－その対象的な内容とモーダルな意味とのからみあい－」『教育国語』92, むぎ書房
奥田靖雄(1984~93)「にっぽんご宮城版」(プリント版)
教科研・宮城国語部会(1979a)「79年夏の合宿研究会報告」『教育国語』59, むぎ書房
教科研・宮城国語部会(1979b)「79年冬の合宿研究会報告」『教育国語』61, むぎ書房
教科研・宮城国語部会(1980)「80年夏の合宿研究会報告」『教育国語』62, むぎ書房
工藤真由美(2002)「日本語の文の成分」『現代日本語講座 第5巻 文法』, 明治書院
鈴木重幸(1972a)『文法と文法指導』, むぎ書房
鈴木重幸(1972b)『日本語文法・形態論』, むぎ書房
鈴木重幸(1975)「主語論の問題点」月刊『言語』3月号, 大修館書店
鈴木重幸(1989)「奥田靖雄の言語学－とくに文法論をめぐって－」『ことばの科学3』, むぎ書房
鈴木重幸(1992)「主語論をめぐって」『ことばの科学5』, むぎ書房
高橋太郎(2005)『日本語の文法』, ひつじ書房

제11장

형용사

● **규칙 1**

형용사는 사람이나 사물에 항상적으로 내재되어 있는 ≪특성≫을 나타내고 있다. 또한 일시적으로 생겨나는 사람이나 사물의 ≪상태≫도 나타낸다. 그렇기 때문에 형용사는 ≪특성≫을 나타내는 형용사와 ≪상태≫를 나타내는 형용사 두 가지 종류로 나눌 수 있다.

1) ≪특성≫을 나타내는 형용사

あかい　あおい　まっかな　くろっぽい　まるい　しかくい　するどい　たいらな　いびつな　まんまるい　でこぼこな　おおきい　ちいさい　ながい　みじかい　ふとい　ほそい　きょだいな　あまい　すっぱい　からい　にがい　あぶらっこい　あまずっぱい　さわやかな　すがすがしい　やさしい　すなおな　ずうずうしい　いじわるな　まじめな　ずるい　おくびょうな　かしこい　ゆうかんな　がんこな

2) ≪상태≫를 나타내는 형용사

いたい　かゆい　ねむい　まぶしい　くすぐったい　けむい　だるい　くさい　ひもじい　うれしい　かなしい　さびしい　たのしい　こわい　おもしろい　あかるい　くらい　しずかな　にぎやかな　ぬるい　つめたい　あたたかい　すずしい

(1) 의미적인 범주로서의 ≪상태≫와 ≪특성≫

규칙 1에서는 형용사에 대해 ≪상태≫를 나타내는 것과 ≪특성≫을 나타내는 것, 두 가지 종류로 나누고 있다. 이와 같이 형용사를 두 종류로 나누는 경우, 그 기준이 되는 것은 시간이다. 이들 형용사가 시간에 있어서 어떻게 드러나는가는 먼저 ≪상태≫를 나타내는 형용사의 경우, 〈사람이나 사물의 상태는 어떤 특정 시간에 있어서 일어나는〉 것으로 규정되지만, ≪특성≫을 나타내는 형용사의 경우에는 〈사람이나 사물에 어떤 ≪특성≫이 시간을 초월하여 항상 내재되어 있는〉 것으로 규정된다.

이와 같이 시간이 드러나는 방식에 있어서 차이를 보이는 ≪상태≫와 ≪특성≫은 형용사를 고찰하는 데 있어 기본이 되는 의미적인 범주이다. 예를 들면 「頭がいたい」「あなたが来てくれて、うれしいわ」「海がおだやかだ」 등에서 형용사는 사람이나 사물의 ≪상태≫를 나타내고 있다. 한편 「地球はあおい」「鈴木先生はきびしい」 등에서 형용사는 사람이나 사물의 ≪특성≫을 나타내고 있다.

그런데 형용사의 이와 같은 의미적인 차이는 형용사가 문장 안에서 담당하는 기능에도 영향을 미친다. ≪특성≫을 나타내는 형용사는 문장 안에서 서술어와 연체수식어 두 가지 기능을 모두 갖고 있지만, ≪상태≫를 나타내는 형용사의 경우 ≪상태≫를 가장 상태답게 표현하기 위해서는 서술어로 쓰이는 편이 기능상 가장 적절하다. 그렇다면 왜 이러한 현상이 있는 것일까? 우선 형용사가 나타내는 ≪상태≫와 ≪특성≫에 대해서 자세히 살펴보도록 하자.

(2) ≪상태≫를 나타내는 형용사

규칙 1에서 ≪상태≫는 〈사람이나 사물에 일시적으로 생겨나는〉 것으로 규정되어 있는데, 이 규정으로부터 알 수 있는 것은 ≪상태≫는 시간적 한정성(時間的なありか限定)을 그대로 받는 구체적인 현상이라는 것이다. 그러나 이것만으로는 아직 ≪상태≫를 정확하게 파악하고 있다고 할 수 없다. 형용사가 나타내는 ≪상태≫는 적어도 다음과 같은 기본적인 요소로 구성되어 있기 때문이다.

≪상태≫의 기본적인 구성요소

① 사람 또는 사물에 생기는 구체적인 현상
② 지금 바로 주체가 체험하고 있는 현상
③ 구체적인 장면에서 생기고 있는 현상
④ ≪지금≫이라는 시간에 한정되는 현상
⑤ 시작하거나 소멸하는 시점을 정확히 모르더라도 일정 시간 지속되는 현상
⑥ 처음부터 일정 폭 이상의 길이를 필요로 하는 현상
⑦ 일정 시간 지속되는 현상은 시간의 흐름과 함께 경과하고, 주체라고 하더라도 그 시간의 흐름을 앞당기거나 지연시킬 수 없는

현상.

이상과 같은 ≪상태≫의 기본적 구성요소를 갖춘 형용사로는 다음과 같은 것을 들 수 있다.

사람의 상태	생리적인 상태	いたい、かゆい、ねむい、だるい、くるしい、まぶしい、けむい、くさい、うるさい
	심리적인 상태	うれしい、かなしい、さびしい、たのしい
사물의 상태	환경	あかるい、くらい、しずかな、にぎやかな、あらい、さわがしい
사람과 사물의 상태	온도	あつい、ぬるい、つめたい
	기온	あつい、あたたかい、すずしい、さむい

이 형용사들은 ≪상태≫의 기본적인 구성요소를 토대로 하고 있지만 그중에는 새로운 요소를 첨가함으로써 다른 ≪상태≫의 모습을 나타내는 형용사도 있다.

(3) ≪특성≫을 나타내는 형용사

규칙 1에서는 ≪특성≫은 〈사람이나 사물에 항상적으로 내재되어 있는〉 것으로서 규정되어 있는데, 이 규정으로부터 알 수 있는 것은 ≪특성≫은 시간으로부터 해방되어 있는, 사람이나 사물의 항상적인 ≪특징≫이라는 것이다.

그러나 이것만으로는 아직 ≪특성≫을 정확하게 파악했다고 말할 수 없다. 왜냐하면 사람이나 사물뿐 아니라, 사람이나 사물이 일으키는 사건도 ≪특성≫을 가질 때가 있기 때문이다. 따라서 ≪특성≫ 형용사에는, 사람이나 사물의 ≪특성≫을 나타내는 형용사와, 사람이나 사물이 일으키는 사건의 ≪특성≫을 나타내는 형용사, 적어도 이 두 가지가 있다고 할 수 있다. 이러한 내용을 대략적으로 제시하면 다음과 같다.

Ⅰ. 사람이나 사물의 ≪특성≫

색: しろい、くろい、きいろい、みどりの、むらさきの

모양: まるい、しかくい、ひらたい、いびつな、たいらな、ゆがんだ、でこぼこな、えいりな

선: まっすぐな、まがった

맛: あまい、しょっぱい、からい、にがい、しぶい、すっぱい

파라미터: たかい/ひくい、ながい/みじかい、ほそい/ふとい、ひろい/せまい、ちいさい/おおきい

신체: たくましい、げんきな、けんこうな、じょうぶな、のろい、きびんな、びょうじゃくな、びんしょうな、はしこい、みがるな

성격: まじめな、やさしい、うちきな、かちきな、おとなしい、かいかつな、ごうじょうな、ねっしんな、きびしい

지성: りこうな、ばかな、のろまな、そうめいな、かしこい

감정적인 태도: すきな、こいしい、なつかしい

Ⅱ. **사건의 ≪특성≫**

논리: みっともない、はしたない、おとなげない

실현성: むずかしい、やさしい、ひつような、ふひつような、むりな、ふかけつな、むだな

가능성: かのうな、ふかのうな

필연성: とうぜんな、あたりまえな、やむをえない

활동상황: いそがしい、ひまな、あわただしい

사회적인 상태: まずしい、ゆたかな

현상의 특징: さわやかな、すがすがしい、あざやかな、きらびやかな、まばゆい、けたたましい、こうばしい、かぐわしい

현실과 예상과의 차이: ふしぎな、みょうな、めずらしい、へんな、おかしい、いがいな

(4) 항상적인 ≪특성≫에서 ≪상태≫로

「あかい」「まるい」 등 사람이나 사물의 ≪특성≫을 나타내는 형용사의 경우를 보면, 그 ≪특성≫이 사람이나 사물에 언제나 내재되어 있는 항상적인 것이라는 전제하에, 인간은 지각을 통해 그 항상적인 ≪특성≫을 확인하게 된다. 그리고 여기에서는 지각·체험하는 인간의 주체성은 배후로 밀려나 있다.

그러나 평상시와는 다른 색이나 모양이 드러나게 되고, 이를 주체가 확인하는 경우, 지각·체험하는 인간의 주체성이 전면에 드러날 때가 있다. 그 경우 주체가 지금 그 현장에서 현상을 체험하고 있는 한, 사물의 ≪상태≫를 그때 그 자리에 나타나 있는 것으로서 표현할 수 있다. 그리고 형용사가 나타내는 ≪상태≫가 〈평소와는 다르다〉는 뉘앙스를 띠고 있는 경우라면 ≪상대적 상태≫가 표현되고 있다고 할 수 있다.

「どうしたのだろう、海があかい」「赤潮ですよ」

> **규칙 2**
>
> **형용사는 연체수식어로서도 서술어로서도 기능한다. 형용사를 연체수식어로서 사용할 때는 사람이나 사물에 항상 내재된, 다른 것과 차별되는 ≪특성≫을 내세워서 같은 종류에 속하는 사람이나 사물 사이에서 특정한 것을 부각시킨다. ≪상태≫를 나타내는 형용사는 주로 서술어로 사용된다.**

1) ≪특성≫을 나타내는 형용사

明子は　あかい　りんごを　かった。

花子は　あおい　りんごを　かった。

いじわるな　おじいさんは　ねこを　おいはらった。

やさしい　おじいさんは　ねこに　えさを　やった。

明子の　りんごは　あかい。

花子の　りんごは　あおい。

となりの　おじいさんは　いじわるだ。

ぼくの　おじいさんは　やさしい。

2) ≪상태≫를 나타내는 형용사

きょうは　デパートが　にぎやかだ。

教室が　しずかだ。

わたしは　ねむい。

おかあさんに　ほめられて、うれしい。

先生に　しかられて、かなしい。

≪특성≫을 나타내는 형용사는 연체수식어로서도 기능하고 서술어로서도 기능한다. ≪상태≫를 나타내는 형용사는 주로 서술어로서 기능한다. 형용사는 그것이 ≪특성≫과 ≪상태≫ 중에서 어느 것을 나타내는가에 따라 문장 안에서의 기능이 달라진다. 앞서 기술한 바와 같이 사람이나 사물의 ≪특성≫을 나타내는 형용사에서 지각이나 사고를 통해 파악되는 ≪특성≫은 사회적인 기준을 척도로 하는, 주체에 의한 평가가 수반되기도 한다. 이 사회적인 기준은 이 종류의 형용사가 연체수식어로서 기능할 때, 그 기능이 〈사람이나 사물에 항상 내재된, 다른 것과 차별되는 ≪특성≫을 내세워서 같은 종류에 속하는 사람이나 사물 사이에서 특정한 것을 부각시키는〉 것이라고 한다면, 사람이나 사물로부터 ≪특성≫을 끄집어낼 때 척도의 역할을 다한다. 그리고 사회적인 기준을 척도로 하여 도출된 ≪특성≫

은 이 ≪특성≫을 갖는 것을 그렇지 않은 것으로부터 구별하고, 특정한 것을 부각시키는 한편, 명사가 가리키는 범위를 한정하는 역할도 한다. 이렇게 해서 ≪특성≫을 나타내는 형용사는 그것이 연체수식어로서 기능할 때, 스스로 평가성을 충분히 발휘할 수 있다고 말할 수 있다.

太郎は学校からかえってくると、仕事場にはいりこんで、木のクズをあつめた。三角のや、まるいのや、四角なクズをあつめることがたのしかった。
窓に白い蝶々がとまっている。
東京タワーにのぼると、墓地がみえる。あたらしい墓はまっしろだ。
「赤い本をもってるのが目印です」
「冷たいワインを飲みたいな」
店のまえをとおった。わかい娘がひとり入口にたっていた。

≪상태≫를 나타내는 형용사는 주로 서술어로 기능한다. 이 종류의 형용사가 주로 서술어로서 기능하는 것은, 그것이 〈단순 상태〉를 표현하는 것과 관련이 있다. ≪상태≫의 모습 중에서 ≪상태≫가 가장 상태다운 모습으로 묘사되는 것은 예를 들면 「頭がいたい」「目がかゆい」「なんだかねむい」 등 생리적인 상태와 같이 〈단순 상태〉를 표현하는 경우이다. 〈단순 상태〉를 나타내는 경우, 지금 바로 주체가 체험하고 있는 것이 그대로 나타나는 것뿐이며, 그 체험을 자신으로부터 분리하여 다른 것과의 관계 속에서 파악하여 보여주는 평

가적인 측면은 없다. 연체수식어와는 다르게, 서술어의 기능이 〈주어가 가리키는 것에 대하여 무엇인가를 기술하는〉 것이라고 한다면, ≪상태≫를 나타내는 형용사에 있어서 이 서술어의 기능이 〈단순 상태〉를 표현하는 것에는 가장 적합하다. 덧붙여 말하자면 주체에 의한 체험성이 성립하기 위해 〈지금〉이라는 시간적 한정성을 필요로 하는 것이라면, 문장이 묘사하는 내용을 현실과 관계 짓는 서술어의 다른 한 가지 기능도, 이 종류의 형용사가 주로 서술어로 사용되는 큰 이유가 된다.

규칙 3

형용사에는 い형용사와 な형용사 두 가지가 있다.
な형용사가 서술어가 될 때는 な를 だ로 바꾸어 넣는다.

1) い형용사

花子は　つめたい　みずを　のんだ。
花子の　みずは　つめたい。
次郎は　むずかしい　本を　読んだ。
この　本は　むずかしい。
太郎は　にがい　くすりを　のんだ。
くすりは　にがい。

2) な형용사

きれいな　花が　さいて　いる。　花が　きれいだ。
まっすぐな　道を　あるく。　道が　まっすぐだ。

まっかな　夕日を　みる。　夕日が　まっかだ。

연구자에 따라서는 い형용사를 제1형용사(第1形容詞), な형용시를 제2형용사(第2形容詞)라고 부르고, 이 둘을 동일한 품사로 간주하는 경우도 있다. な형용사는 학교문법에서는 형용동사라고 부르는 것이다. 그러나 의미의 관점에서 보더라도 문장 안에서 기능적인 관점에서 보더라도 い형용사와 동일하며, 이 둘의 차이는 형태를 만드는 방법밖에 없다.

제1형용사와 제2형용사는 다음에 제시한 것과 같이 각각 무드, 텐스에 따른 활용 체계를 가지고 있다.

〈종지형〉

		제1형용사	제2형용사
단정(いいきり)	비과거	しろい	まじめだ
	과거	しろかった	まじめだった
추량(おしはかり)	비과거	しろいだろう	まじめだろう
	과거	しろかっただろう	まじめだっただろう

제1형용사는 형용사라는 범주 안에서 기본적인 어휘를 이루고 있지만, 현대어에서는 생산력을 잃고 그 수가 제한적이다. 제2형용사는 외래어로도 만들어지는 등 생산적인 면을 가지고 있다.

규칙 4

형용사에는 동사에서 파생된 것도 있다.
형용사에는 명사에「の」를 붙여서 만든 것도 있다

1) 동사로부터 만들어진 형용사

(まがる→まがった)　わたしは　まがった　道を　あるく。

(すぐれる→すぐれた)　ノーベル賞は　すぐれた　学者に　おくられる。

(あれる→あれた)　母は　あれた　手に　クリームを　ぬった。

(やせる→やせた)　おじいさんは　やせた　犬に　えさを　やった。

2) 명사로부터 만들어진 형용사

(みどり→みどりの)　みどりの　えんぴつを　かった。

(茶色→茶色の)　茶色の　かびんを　へやに　かざった。

(三角→三角の)　三角の　クッキーを　たべた。

(しま→しまの)　しまの　ワンピースを　きた。

(水玉もよう→水玉もようの)　水玉もようの　シャツを　きた。

형용사는 동사나 명사로부터도 만들어지는데, 동사나 명사가 형용사로 변화해가는 과정에 있어서 원래 품사의 성격을 아직 현저하게 남기고 있는 것, 또는 완전하게 형용사로 이행한 것 등, 형용사화의

변화 단계는 각기 다르다. 예를 들면 「みどりの」「茶色の」 등의 단어는 「みどりが(を…)」「ちゃいろが(を…)」처럼 곡용 체계를 갖는다고 한다면, 완전하게 형용사가 되었다고는 말할 수 없다. 또한 「すぐれた学者」처럼 동사로부터 만들어진 형용사는 「~た」의 형태가 서술어가 아닌, 오로지 연체수식어로 사용된다고 한다면 형용사화가 이루어졌다고 보아도 좋을 것이다. 더욱이 동사로부터 만들어진 형용사에는 다음과 같은 것이 있다.

濡れた　乾いた　澄んだ　濁った　色あせた　黒ずんだ
黄ばんだ　赤らんだ　汚れた　古びた　枯れた　すました
年とった　煤けた　上ずった　すがれた　くぼんだ　熟した
蒸れた　古ぼけた　荒れた　ありふれた うらぶれた　禿げた
折れ曲がった　砕けた

규칙 5

시술어가 되는 형용사는 평서문에서만 쓰이고, 권유형도 명령형도 없다. 평서문에서는 시간에 따라 현재형과 과거형으로 나뉜다.

なみが　あらい。
なみが　あらかった。
せんせいに　ほめられて、うれしい。
せんせいに　ほめられて、うれしかった。
あたまが　いたい。
あたまが　いたかった。

夕やけが　きれいだ。

夕やけが　きれいだった。

駅前が　にぎやかだ。

駅前が　にぎやかだった。

형용사가 서술어로서 기능할 때, 그것이 현재형으로 나타내는 내용에 대해서는 규칙 1에서 설명한 대로이다. 여기에서는 형용사가 과거형으로 쓰였을 때 나타내는 내용에 대하여 간단하게 살펴보자.

우선 ≪상태≫를 나타내는 형용사의 경우 「いたい」「ねむい」 등 생리적 현상을 나타내는 상태처럼 〈단순 상태〉를 표현하는 형용사의 과거형은 화자가 발화시 직전까지 불쾌한 느낌을 체험했다는 것을 나타낸다.

「だいじょうぶ?」「痛かったあ。……いや、まだ痛い……」

(たいくつな授業がおわる)「ああ眠かった。やっと家に帰れる」

「うれしい」「かなしい」「たのしい」 등 심리적인 상태처럼 〈인과적 상태〉를 표현하는 형용사는 과거형을 사용함으로써 그 감정을 불러일으키는 원인이 되는 사건을 파악하고, 그것에 대한 주체의 감정·평가적인 태도를 나타낸다.

「あなた、いつか、私にモデルみたいだって言ったでしょう。嬉しかったわ。」

「お父さん、私、小学生の時、お父さんに会いに行って、会えなかった時、とても悲しかったわ。」
「ごめんね。買い物につきあわせて」「いや、とても楽しかったよ」

다음으로 ≪특성≫을 나타내는 형용사의 경우인데「田中さんはあの頃は　やさしかった」처럼 이 유형의 형용사는 과거의 일정 기간에 있어서 사람이나 사물의 항상적인 ≪특성≫을 나타낼 때 과거형이 사용된다. 그럴 경우, 마치 〈지금은 그렇지 않다〉라고 암시하는 것처럼 현재와의 관련 속에서 과거의 ≪특성≫을 파악한다는 특징을 보인다.

結婚したばかりの頃は夫とよく散歩した。夫はその頃はやさしかった。
「あなたと結婚する前の兄さんは、もっと正直でした。」

연습문제

1. 다음 중 형용사에 관한 설명 중 적절하지 <u>못한</u> 것은?
   ① 상태를 나타내는 형용사는 주로 서술어로 사용된다.
   ② 형용사에는 「い」로 수식하는 것과 「な」로 수식하는 것 두 가지가 있다.
   ③ 형용사는 동사에서 파생된 것도 있고, 명사에 の를 붙여 만든 것도 있다.
   ④ 서술어가 되는 형용사에는 평서형, 청유형, 명령형 모두 가능하다.

2. 다음 중 형용사가 나타내는 ≪상태≫의 모습이 <u>다른</u> 것은?
   ① 今日はすこし<u>さむいぞ</u>。
   ② 無事に帰ってきてくれて<u>嬉しいわ</u>。
   ③ 私のことで、あなたを困らせるのは<u>辛いの</u>。
   ④ 先生はいつかいつかお帰りになる方だとは思っていたけど、<u>淋しいわ</u>。

3. 다음 중 ≪상태≫에서 ≪특성≫으로의 이행이 일어나지 <u>않은</u> 것은?
   ① 針は<u>いたい</u>。
   ② 癌は<u>こわい</u>。
   ③ 図書館は<u>しずかだ</u>。
   ④ まだ<u>暗いわね</u>。

4. 다음 중 서술어로 기능하면서 ≪상태≫를 나타내는 것은?

① 冷たいワインを飲みたいな。

② なんだかねむい。

③ 窓の網戸に白い蛾がとまっていた。

④ 一郎さんて、やさしいのね。

5. 주어진 문법적 의미에 맞도록 빈칸을 채우시오.

		형용사	의미
단정	비과거		귀엽다
	과거		귀여웠다
추량	비과거		귀여울 것이다
	과거		귀여웠을 것이다

6. 다음 중 동사에서 파생된 형용사를 모두 고르면?

① ぼくはまがった道をあるく。

② しまのシャツをきた。

③ やせた犬がほえた。

④ 次郎はにがいくすりをのんだ。

7. 다음 형용사 중 과거의 일정 기간에 따른 사람의 항상적인 특성을 나타내고 있는 것은?

① 夫はその頃はやさしかった。私も甘えていた。

② いつかお母さんに似てるって言ったでしょう。うれしかったわよ。

③ お父さんに会いに行って、会えなかった時、とても悲しかったわ。

④ そんなことはありません。とても楽しかった。

〈참고문헌〉

荒正子(1989)「形容詞の意味的なタイプ」『ことばの科学3』, むぎ書房

工藤真由美(2002)「現象と本質」『日本語文法』2-2, 日本語文法学会

工藤真由美編(2007)『日本語形容詞の文法-標準語研究を超えて-』, ひつじ書房

鈴木重幸(1972)『日本語文法・形態論』, むぎ書房

樋口文彦(1996)「形容詞の分類-状態形容詞と質形容詞」『ことばの科学7』, むぎ書房

樋口文彦(2001)「形容詞の評価的な意味」『ことばの科学10』, むぎ書房

八亀裕美(2001)「現代日本語の形容詞述語文」『阪大日本語研究別冊』1, 大阪大学大学院文学研究科日本語学講座

八亀裕美(2003)「形容詞の評価的な意味と形容詞分類」『阪大日本語研究』15, 大阪大学大学院文学研究科日本語学講座

八亀裕美(2004)「形容詞の文中での機能」『阪大日本語研究』16, 大阪大学大学院文学研究科日本語学講座

제12장

부사

1. 도입

부사에 관해서 新川忠(1996)는 다음과 같은 일반적인 규정을 하고 있다.

> 일본어의 부사를 다음과 같이 일반적으로 규정해 두자. 부사란 동작, 변화, 상태, 특성 혹은 관계를 특징 짓는 단어의 집합, 즉 품사이다. 동작, 변화, 움직임, 상태, 특성, 관계 등을 한마디로 ≪특징≫이라고 부른다면 부사는 ≪특징의 특징≫을 나타내는 품사라고 할 수 있다. 보다 구체적으로 말한다면 동작이나 변화의 〈모습〉 혹은 상태나 특성이나 관계가 〈나타나는 방식〉을 표현하는 품사가 부사인 것이다. 부사가 갖고 있는 이 어휘적인 의미에 따라서 부사는 기본적으로 동사, 형용사가 만들어 내는 문장성분의 연용수식어(수식어)가 된다고 하는 단 하나의 구문적인 기능밖에 수행하지 않는다. 그리고 기능의 단조로움 때문에 부사에 소속되는 단어는 형태론적인 체계(어형변화의 체계)를 갖지 않는다. 또한 부사에 소속되는 모든 단어에 공통된 형태론적인 요소(어미 혹은 접미사 등)도 존재하지 않는다. 이렇게 해서 이미 비노그라도프가 지적하고 있는 바와 같이 부사라는 이름 하에서는 어휘적인 의미와 구문적인 기능은 완전히 융합되어 존재하고 있는 것이다.
>
> 新川忠(1996:61-62)

이 규정에서 다음 세 가지를 알 수 있다.

① 의미로서는 동작이나 변화의 〈모습〉 혹은 상태나 특성이나 관계가 〈나타나는 방법〉을 표현한다는 점.
② 문장에서는 연용수식어로 기능하는 점.
③ 연용수식어로 밖에 기능하지 않는다는 기능의 단조로움 때문에 어형변화의 체계를 갖지 않는다는 점.

이하에서는 규칙 1에서 부사가 무엇을 나타내는가 ①의 관점에서 부사를 설명한다. 이어서 규칙 2, 3에서 ②, ③에 대해서도 구체적인 예문과 같이 검토하기로 한다. 그럼 규칙 1 부사의 의미부터 보기로 하자.

규칙 1

부사는 동사 앞에서 동작의 모습이나 정도를 나타낸다. 또한 부사는 동작의 시간적인 길이나 횟수를 나타낸다.

1) 동작의 모습을 나타내는 부사 (양태부사)

おとうとは　ごはんを　がつがつ　たべる。
おじいさんは　ゆっくり　あるく。
ざっ草が　ぼうぼうと　はえて　いる。
太郎が　ドアを　ドンドン　たたいた。
花子が　公園を　ぶらぶら　あるいて　いた。

2) 동작의 정도를 나타내는 부사 (양/정도부사)

いもうとは　おかしを　たくさん　たべた。

おかあさんは　ビールを　すこし　のみました。

雪が　うっすら　つもった。

太郎は　マヨネーズを　たっぷり　かけた。

3) 동작의 시간적인 길이를 나타내는 부사 (시간부사)

まもなく　電車が　しゅっぱつします。

花子は　2時間　べんきょうした。

太郎は　しばらく　まどの　外を　ながめて　いた。

空が　くらくなり、やがて　雨が　ふりだした。

4) 동작의 횟수를 나타내는 부사 (빈도부사)

せんせいは　ときどき　太郎を　しかる。

おかあさんは　たまに　太郎を　しかる。

おとうさんは　いつも　太郎を　しかる。

규칙 1에서 동작이라는 용어는 변화나 움직임을 포함하는 것으로 사용하고 있는데 구체적으로 보자면 「ざっ草がぼうぼうとはえている」「雪がうっすらつもった」 등의 문장에서 「ぼうぼうと」「どっさり」는 변화의 모습을 나타내고, 「まもなく出発する」「やがて雨がふりだした」 등의 문장에서 「まもなく」「やがて」는 움직임의 모습을 나타내고 있다. 그리고 나머지 예문에서는 동작의 모습을 나타내고 있다. 이와 같이 부사는 동작이나 변화의 〈모습〉을 나타내지만, 다른 한편에서는 아래 예문과 같이 부사는 상태, 특성, 관계가 〈나타나는 모습〉도 나타낸다.

歯がずきずきといたい。(생리적 상태)

今日はとてもうれしいな。(심리적 상태)

彼はかなりまじめな人です。(특성)

ぼくの考えは彼の考えとはすこしちがう。(관계)

이와 같이 부사는 동작이나 변화, 상태, 특성, 관계의 측면을 파악하여 그것을 〈모습〉으로 표현하고 있는데 동작이나 변화의 어느 측면이 〈모습〉으로서 언어화되는가에 의해 부사를 분류할 수 있다.

규칙 2

많은 부사는 형용사나 명사나 동사에서 유래한다. 원래부터 부사인 것도 있다.

1) 다른 품사에서 유래한 부사

① 형용사 유래 부사

おおきい → おおきく　　やさしい → やさしく

まっくろい → まっくろく　　さびしい → さびしく

しんせつな → しんせつに　　しずかな → しずかに

こまかな → こまかに　　げんきな → げんきに

② 명사 유래 부사

はだし → はだしで　　はだか → はだかで

ひとり → ひとりで　　　みんな → みんなで

一面 → 一面に　　　ななめ → ななめに

心 → 心から　　　わざ → わざと

③ 동사 유래 부사

いそぐ → いそいで　　　あいつぐ→ あいついで

とぶ → とんで　　　すすむ → すすんで

だまる → だまって　　　そろう → そろって

2) 단어나 단어의 부분을 반복해서 만들어진 부사

① 명사 반복

みちみち　たびたび　むかしむかし　ときどき

ところどころ　つぎつぎに　こなごなに　くちぐちに

② 형용사 반복

あかあかと　あおあおと　ながながと　のろのろと

しぶしぶと　ひろびろと　こわごわと

③ 동사 반복

ますます　みるみる　なくなく　かわるがわる

かえすがえす　いきいきと　のびのびと　うきうきと

しみじみと　とびとびに　おもいおもいに　たえだえに

はなればなれに

3) 소리·동작·모습의 흉내

とんとん　どんどん　ばんばん　ぴかぴか

にょろにょろ　ぶらぶら

위에서 1)은 다른 품사에서 부사로 파생된 경우이다. 명사, 동사, 형용사에 소속된 단어의 형태론적인 형식이 ≪특징의 특징≫을 나타내고 연용수식어로 기능하기 시작하면 부사로 이행하는데 그것이 부사인지 아닌지의 판별에는 어휘적인 의미, 구문론적인 기능, 혹은 연체수식어나 보어를 취할 수 있느냐 등 구문적인 능력의 유무가 단서가 된다.

예를 들면 「自宅までとんでかえった」의 「とんで」와 같이 그것이 보어를 필요로 하지 않는다면 부사화된 것으로 판단한다. 이 경우 「とんで」는 〈공중을 이동한다〉라는 동사 본래의 의미는 상실되고 〈서둘러서〉라는 의미가 된다.

또한 2), 3)은 원래부터 부사인 단어를 대상으로 그 조어법의 수단에 관하여 다루고 있다. 부사는 연용수식어가 된다는 단 하나의 구문적인 기능밖에 갖지 않기 때문에 어형변화를 하지 않는다. 또한 부사성을 보장하는 모든 부사에 공통된 형태론적인 요소, 예를 들면 접미사 등도 없다. 따라서 어떤 단어가 부사인지 아닌지는 형태론적인 특징에 의해서 정할 수는 없다는 셈이 되는데 그 형태론적인 특징을 대신할 수 있는 것으로 부사를 만드는 수단이 그것을 보장하는 것으로 나타난다. 위의 2), 3)에서 부사를 만드는 수단은 그 단어가 부사인 것을 보장하기도 하는 것이다.

● **규칙 3**

부사는 서술어인 동사를 수식하는 연용수식어로 기능한다. 명사나 동사도 연용수식어로 기능하는 경우가 있다.

1) 부사가 연용수식어로 기능하는 경우

おばあさんは　ゆっくり　あるく。

赤ちゃんが　すやすや　ねむって　いる。

こまが　くるくる　まわる。

ダイアモンドが　きらきら　ひかる。

2) 명사가 연용수식어로 기능하는 경우

次郎は　プールの　水に　頭から　もぐった。

おじいさんは　肩まで　湯に　つかる。

花子は　えがおで　こたえる。

明子は　ケーキを　ひとりで　たべる。

3) 동사가 연용수식어로 기능하는 경우

おとうとは　ごはんを　たって　たべた。

すわって　たべなさい。

えきまで　はしって　いきました。

太郎は　なきながら　あるいた。

연용수식어의 기능은 〈동사가 의미하는 동작의 모습이나 정도, 시간적인 길이나 횟수 등을 선별하여, 그 동작을 다른 동작과 구별하는〉 것에 있다. 이 연용수식어의 기능을 보다 명확히 하기 위해 형용사 파생의 부사를 예로 생각해 보자.

형용사 중에서도 「やさしい」「親切な」「几帳面な」「素直な」 등의 형용사는 사람의 항상적(恒常的)인 특징을 나타낸다. 사람에게 끊임없이 따라다니는 이와 같은 특징은 그것이 각각 개인별로 같지 않고 상대적이라고 한다면 어떤 사람에게 고유한 특징은 그 사람을 다른 사람으로부터 구별하는 기능을 한다. 이렇게 해서 사람의 항상적인 특징을 나타내는 형용사는 연체수식어의 위치에 나타나 ≪한정적(限定的)≫이라는 기능을 담당하게 된다.

親切な太郎は花子のことを心配して、たずねてきた。
神経質な母は夕べ一睡もしなかった。
「私の先生を紹介します。親切で、研究熱心な先生です」
彼は温厚な、年のわかい学者でした。

하지만 이러한 종류의 형용사가 「やさしく」「親切に」「几帳面に」「素直に」 등 연용수식어로 사용되어 부사로 파생되면, 예를 들면 다음 용례와 같이 사람에게 항상적으로 구비되어 있는 특징을 나타내지 않게 된다.

花子は、太郎を一瞬にらんで、それから今度はやさしく笑った。
花子は、実に真剣に、親切に、入院中の祖母の世話をした。
「へえ、きいておきます」と太郎は几帳面にいった。
「待って、私も行く」と、花子が素直についてきた。

예문에서도 알 수 있듯이 형용사 파생의 부사는 사람이 항상 갖고 있는 포텐셜한 특징을 나타내고 있지 않다. 왜냐하면 부사는 서술어인 동사를 수식하여 그것이 의미하는 개개의 구체적인 동작을 매개로 하여 현실 세계와 관계하기 때문이다. 그 동작 자체가 시간에 얽매이어 일어나는 한, 부사가 나타내는 특징도 시간적인 제약을 받게 된다. 부사로 파생할 때 형용사는 이와 같은 부사성을 갖게 됨에 따라 그때그때 다른 동작의 방법을 나타내게 된다. 거기에서 나타내는 동작의 모습·방법은 어떤 사람에게 고유한 항상적인 특징으로 바뀌지 않고 항상 일시적이다. 그런데 형용사 파생의 부사가 나타내는 이 일시적인 특징도 그것을 인간의 동작의 측면으로 나타낼 때, 그 선택에는 다른 동작과의 비교를 이미 포함한 상대적인 성격을 갖고 있다. 이렇게 해서 형용사 파생의 부사는 그때마다 동작이 여러 형태를 취할 수 있다는 것을 배경으로 하면서 ≪한정≫이라는 연용수식어 위치에 나타나서 그 동작만의 고유한 일시적인 특징을 나타낸다.

규칙 4

부사와 유사한 문법적인 특징을 갖고 있고 화자의 심적태도를 나타내는 단어가 있다. 이것을 진술부사라고 한다.

結婚式には　もちろん　わたしも　行きます。

お正月には　きっと　子供たちも　帰ってくるだろう。

たぶん　明日は　はれると思う。

ともだちとの　約束は　かならず　まもるよ。

あの　へやには　けっして　入ってはいけません。

韓国語は　ぜんぜん　わかりません。

(1) 진술부사의 특징

진술부사는 일반부사와 달리 동사나 형용사술어의 의미를 한층 더 자세히 설명하는 것이 아니다. 진술부사는 대상적 의미(지시적인 의미)를 갖지 않고 문장에 나타나는 화자의 심적태도(진술적인 의미)를 보충·보완하는 부사이고 문장 안에서 독립어로서 기능하는 것이다.

문장의 진술적인 의미는 주로 술어가 나타내지만 진술부사는 이 진술적인 의미를 보충·보완하는 것이다.

① 단정, 추량

もちろん、きっと、かならず、ぜったいに、たぶん、おそらく、さぞ、けっして、だんじて、とうてい、まさか、よもや……

② 명령, 의뢰, 희망

どうぞ、どうか、ぜひ、なにとぞ……

③ 가정

もし、万一、たとい、たとえ……

(2) 서술어와의 호응

진술부사는 서술어의 진술적인 의미를 보충·보완하는 것이므로 서술어의 진술적인 의미를 나타내는 일정한 형식과 호응한다. 예를 들면 「もし」가 나타나면 서술어는 조건 혹은 조건에 준하는 형식(「……し

た　ばあいには」「……する　ときには」등)이 오며, 「けっして」가 쓰이면 서술어는 부정이 되고, 「よもや」가 사용되면 서술어는 부정추량형식으로 한정된다.

「もちろん」「きっと」「たぶん」「おそらく」 등에서는 서술어는 단정형식과 추량형식 모두 다 사용되는데 이 경우 단정 및 추량의 확신도에 관한 판단을 나타낸다.

彼女は　かならず　いく。
彼女は　きっと　いく。
彼女は　たぶん　いく。

「さぞ」는 성질, 상태의 정도가 어느 정도 큰지를 추측하는 심적태도를 나타낸다. 이 진술부사는 정도부사에 가까운 성질을 갖고 있다.

さぞ　つらかったでしょう。

(3) 기타

이 밖에도 다음과 같은 부사가 문장에 나타난 내용에 대한 화자의 심적태도를 나타낸다.

まったく　ぜんぜん　すこしも　ちっとも　……　전면부정
かならずしも　……　부분부정
とくに　とりわけ　ことに　なかんずく …… toritate
もう　すでに　とうとう　ついに　まだ …… 움직임 상태의 실현, 변화 시에 대한 판단

やっぱり …… 예상의 적중

ろくに …… 부정적 평가

まるで　あたかも …… 유사

いわば …… 비유

이들 부사의 성격과 자리매김은 아직 불충분하다. 전면부정, 부분부정, toritate 의미를 갖는 부사는 정도부사에 가깝고 「もう」「すでに」「まだ」 등은 시간부사에 가깝다.

연습문제

1. 다음 중 부사에 관한 설명 중 적절하지 못한 것은?
   ① 주로 술어의 앞에 위치하여 술어의 의미를 수식/한정하는 것이 중요한 구문적인 기능이다.
   ② 어형변화를 하지 않는다.
   ③ 문장 안에서 형용사나 명사를 수식할 수 있다.
   ④ 경우에 따라서 주어나 술어가 될 수도 있다.

2. 다음 밑줄 친 부분 중에서 부사가 아닌 것은?
   ① すこし飲み過ぎです。もう結構です。
   ② そろそろ帰りましょうか。
   ③ 毎日英語の勉強をしているのに、なかなか上手になりません。
   ④ 花子は朝寝坊して、3時間も遅れてしまった。

3. 다음 중 부사의 종류가 다른 것은?
   ① 次郎君はたまにしか来ないよ。
   ② あそこに行くといつも蕎麦を食べてくる。
   ③ まもなく電車が入りますので、ご注意下さい。
   ④ 亜抄子はしょっちゅう訪ねてくるよ。

4. 다음 중 일시성을 나타내는 것은?

① 三智子は気が短いが、親切な先生です。

② 散歩している子犬を見て、智代は優しく笑った。

③ 無神経な田中さんがまたも失礼なことを言った。

④ どこへ行っても人気者である三朗は明るい性格です。

5. 다음 중 진술부사가 아닌 것은?

① うちの近くに来られたら、ぜひお電話下さい。

② どうか笑わないで下さい。

③ もし雨が降ったら試合は中止になる。

④ 田中君はなかなか賢いね。

6. 다음 중 부사와 술어의 호응관계가 부자연스러운 것은?

① 明日はたぶん雪でしょう。

② 犯人はかならずここにもどってくるに違いない。

③ けっしてお願いするしかない。

④ さぞこどものことがご心配でしょう。

〈참고문헌〉

工藤浩(2016)『副詞と文』, ひつじ書房

鈴木重幸(1972)『日本語文法·形態論』, むぎ書房

新川忠(1996)「副詞の意味と機能ー結果副詞をめぐってー」『ことばの科学7』, むぎ書房

제13장

능동문과 수동문

1. 도입

이 장에서는 동사의 보이스(voice) 범주 중 하나인 수동문을 다룬다. 보이스는 동작의 주체·대상과 문장성분과의 관계(동작의 주체를 주어로 삼는가, 대상을 주어로 삼는가)를 나타내는 구문론적 범주인 동시에, 그 의미·기능이 동사의 문법적 형식에 의해서도 표현된다는 점에서 형태론적 범주이기도 하다.

보이스는 동사의 고유한 문법 범주로 다른 품사에는 갖추어져 있지 않다. 그러나 모든 동사에 보이스 범주가 있는 것은 아니고, 대상에 작용하는 사람의 동작을 가리키는 동사에 한정된다. 따라서 보이스를 이해하기 위한 전제로서 동사의 하위 종류에 관한 지식이 필요하다(동사의 기본적인 하위 종류에 대해서는 제2장을 참조).

규칙 1

동사는 그 의미로부터 사람의 동작을 나타내는 것, 사물의 움직임을 나타내는 것, 사람이나 사물의 변화를 나타내는 것, 사람이나 사물의 상태를 나타내는 것으로 나눌 수 있다.

1) 사람의 동작을 나타내는 동사

おかあさんが　だいこんを　<u>きる</u>。

いもうとが　かべに　ポスターを　<u>はる</u>。

おとうとが　かべから　ポスターを　<u>はがす</u>。

次郎が　きょうしつに　いすを　<u>はこんだ</u>。

おとうさんが　花子の　あたまを　<u>なでた</u>。

太郎が　<u>あるく</u>。

次郎が　<u>すわる</u>。

明子が　<u>おどる</u>。

2) 사물의 움직임을 나타내는 동사

ボールが　<u>ころがる</u>。

こまが　<u>まわる</u>。

ふねが　<u>ゆれる</u>。

水が　<u>ながれる</u>。

3) 사람이나 사물의 변화를 나타내는 동사

花子が　<u>やせる</u>。

パンが　<u>つぶれる</u>。

こおりが　<u>とけた</u>。

バラの　花が　さいた。

4) 사람이나 사물의 상태를 나타내는 동사

花子は　かおが　ほてった。

太郎は　はが　いたんだ。

次郎は　いらいらした。

明子は　たいくつした。

月が　かがやく。

波が　うねる。

アカシアの　花が　におう。

2. 보이스 범주가 있는 동사와 없는 동사

위의 1)~4)에 속하는 동사 리스트는 다음과 같다(동사분류는 奥田 1992를 참조). 능동형을 가질 수 있는 동사는 1)에서 직접대상이나 상대대상에 작용하는 동작을 나타내는 동사와 심리적 활동을 나타내는 동사 중에서 심리활동이 향하는 대상이나 상대를 요구하는 동사이다. 1) 중에서 〈행위동작〉, 〈이동동작〉을 나타내는 동사나, 대상과 결합하지 않는 2)~4)는 보이스 범주가 없다. 따라서 능동형도 수동형도 만들 수 없다(후술하겠지만, 이른바 《피해 수동》은 다른 수동과는 성격이 상당히 다르며, 수동이라고 인정할 것인가를 포함하여 검토가 필요하다).

1) 사람의 동작을 나타내는 동사

① 대상에 작용을 가하는 동작

〈형태변화〉

あける、たてる、たおす、たたむ、ちらす、あらう、よごす、か

わかす、きる、つぶす、わる、ちぎる、まるめる、にる、いためる、ひやす、のむ、たべる、ならす、ふやす、ころす、まわす

〈생산〉

わかす、たく、ぬう、あむ、なう、きずく、たてる、みたてる、つくる、ほる、うむ

〈부착〉

(~を~に) はる、あてる、つける、とりつける、はめる、かざる、おく、のせる、まく、つきさす、つるす、まぜる、つなぐ

〈제거〉

(~を~から) はがす、もぐ、はずす、ぬく、とる、かる、そる、つむ

〈운반〉

(~を~へ／に) はこぶ、うつす、おろす、あげる、おとす、なげる、まわす、ばらまく、あつめる、ながす

〈사람의 위치변화동작〉

(~を~に／へ) つれていく、つれてくる、とおす、だす、おくりだす、みちびく、のせる、おろす、ひきずりおろす

〈접촉동작〉

(~を) なでる、もつ、にぎる、つまむ、つかむ、はさむ、おす、おさえる、つねる、たたく、なぐる、うつ、かむ、なめる、ふく、なでる、ける、ふむ、(~に)さわる、ふれる

〈공간배치동작〉

(~に) すがる、だきつく、とびつく、よりかかる、とびかかる、もたれる、おぶさる、かみつく、しゃぶりつく、むかいあう、ならぶ、かこむ

② 주체자신에 그치는 동작

〈행위동작〉

たつ、すわる、しゃがむ、こしかける、よこたわる、ねる、うずくまる、うつぶす、かがむ、はいつくばう、はらばう、のけぞる、ひざまづく、たたずむ、おきる、よろめく、たおれる、つまづく、ころぶ、のめる、わめく、どなる、さけぶ、うめく、なく、わらう、ほほえむ、うなづく

〈이동동작〉

ゆく、くる、かえる、もどる、つく、いたる、さる、よる、しりぞく、すすむ、よこぎる、ひっこむ、かけこむ、とびこむ、はしりこむ、もぐりこむ、おちる、のぼる、おりる、あがる、さがる、くだる、うつる、でる、はいだす、とびだす、はいる、あつまる、むらがる、つどう、ちらばる、こえる、こす、わたる、とお

る、すぎる、わかれる、とおざかる、とおのく、はなれる ／ あるく、はしる、とぶ、かける、はう、すべる、およぐ

③ 심리적인 활동

〈감성활동〉

みる、ながめる、にらむ、のぞく、のぞむ、きく、あじわう、かぐ、みつける、みいだす、発見する、おもいだす、おもいうかべる、想像する、にくむ、うらむ、ねたむ、うらやむ、のろう、きらう、このむ、すく、みくだす、さげすむ、あなどる、あがめる、とうとぶ、うやまう、したう、あこがれる、ほれる

〈사고활동〉

おもう、かんがえる、しる、わかる、さとる、みやぶる、みわける、わきまえる、みなす、たとえる、みたてる、なぞらえる、まちがえる、みあやまる、判断する、解決する、わすれる

〈언어활동〉

(~に~を) はなす、いう、かたる、しゃべる、まくしたてる、ほのめかす、くちばしる、ささやく、のべる、とく、とう、しらせる、うちあける、ことづける ／ きく、うけたまわる ／ かく、よむ、うたう ／ たたえる、ほめる、ねぎらう、しかる、はげます、おだてる、けなす、そしる、こきおろす、やじる、ののしる、たしなめる、せめる、ひやかす、そそのかす、たぶらかす、ことわる、どなりつける ／ ねだる、たのむ、くどく、さと

す、さそう、せがむ、こう、もとめる、あやまる ／ なづける、よぶ

〈의지활동〉

ちかう、たくらむ、はかる、おもいたつ、もくろむ、めざす、くわだてる、こころがける、こころざす、ねがう、のぞむ、いのる、ゆるす、きめる、つつしむ

〈조사활동〉

しらべる、さぐる、くらべる、さがす、あさる、あらためる、ためす、たしかめる、かぞえる、はかる、みぬく、みきわめる、かぎだす、つきとめる、あらいなおす、うらなう

〈태도동작〉

まつ(まちうける)、たずねる、おとずれる、みまう、さける、よける、やりすごす、みおくる

〈표현동작〉

まう、おどる、おどける、ふるまう

〈논리조작〉

演繹する、帰納する、比較する(くらべる)、一般化する、抽象する、説明する、たす、くわえる、ひく、かける、わる

2) 사물의 움직임을 나타내는 동사 (움직임동사)

ころがる、まわる、ゆれる、ながれる、おちる、あがる、もれる、たれる、こぼれる、したたる、ただよう、はねかえる、とびちる、ほとばしる

3) 사람이나 사물의 변화를 나타내는 동사

① 사람의 변화를 나타내는 동사

しぬ、ふとる、こえる、やせる、やつれる、ねむる、めざめる、よう、うえる、おいる、わかがえる、そだつ、ふける、はげる、はれる、うむ、ただれる、かぶれる、むくむ

② 사물의 변화

おれる、こわれる、とける、われる、くずれる、さける、やぶれる、きれる、ちぎれる、くだける、まがる、ゆがむ、へこむ、つぶれる、たわむ、ちぢれる、ねじれる、よじれる、とける、ほぐれる、めくれる、ふくらむ、のびる、たるむ、よごれる、にごる、すむ、しらむ、きばむ、あからむ、くろずむ、かわく、ひからびる、ぬれる、しける、しめる、さびる、かびる、そまる、こげる、もえる、やける、たける、あたたまる、さめる、こおる、かたまる、にえる、たおれる、かたむく、かしぐ ／ かかる、からまる、さがる、たれる、かさなる、かぶさる、つく(くっつく)、はさまる、つまる、つかえる、ひたる、つかる、うまる、はなる、ささる ／ とれる、はがれる、もげる、むける、はげる、ぬける、はずれる、ぬげる、はなれる、もれる

／ うかぶ、うく、しずむ、あく、しまる

〈출현〉

わく、うまれる、あらわれる

〈식물 변화〉

さく、ちる、しぼむ、かれる、しげる、みのる、うれる、ねづく、はえる

4) 사람이나 사물의 상태를 나타내는 동사 (상태동사)

① 사람의 상태

いたむ、しびれる、なごむ、やすらぐ、もだえる、いらだつ、あきれる、おどろく、やける、たいくつする、うかれる、たまげる、おそれいる、めいる、めんくらう、たかぶる、ふるえる、むせぶ、しびれる、うずく、ひきつる、あせばむ、ほてる、のぼせる、こごえる、かじかむ、くらむ、はじる、おびえる、おそれる、こわがる、よろこぶ、かなしむ、くやしがる

② 사물의 상태

〈자연현상〉

(雨が)ふる、(風が)ふく、ふぶく、しぐれる、ひかる、かがやく、てる、かすむ、けむる、たなびく、ひえる、いてつく、あれる、しける、なぐ、なみだつ、うねる、ゆれる、ゆらぐ、そよぐ、なびく、なる、ひびく、きしむ、とどろく、音がする、におう、かおる

규칙 2

사람이 하는 동작의 대부분은 사람이나 사물에 작용하여 변화를 일으킨다. 이러한 동작을 나타내는 동사를 **타동사**라고 한다. 동작의 대상을 나타내기 위해 타동사는 「を」가 붙은 명사를 지배한다. 다른 것에 작용하지 않는, 사람이나 사물 그 자체의 동작·움직임, 변화, 상태를 나타내는 동사는 **자동사**이다.

타동사

太郎が　木を　きる。
〈동작대상〉
次郎が　ろうかに　机を　はこんだ。
せんせいが　次郎を　よんだ。
おかあさんが　花子を　おこした。

きる　つぶす　やく
にる　たべる　おる
はこぶ　あげる
なぐる　たたく
おこす　よぶ

자동사

次郎が　はしる。
こまが　まわる。
花子が　ふとった。
うみが　あれる。

はしる　あるく
まわる　ゆれる
ふとる　やせる
ちぢむ　のびる
たいくつする
かがやく　あれる

⑴ 타동성의 단계

동작동사는 직접대상(を격 명사)에 작용하는 동작을 나타내는 타동사와 대상에는 작용하지 않고 주체자신에 그치는 동작을 나타내는 자동사로 나누어진다. 능동·수동의 대립을 보이스 대립이라고 한다

면 보이스는 타동사의 고유한 문법적 범주이다. 그러나 한마디로 타동사라고 해도 전형적인 것부터 주변적인 것까지 다양한 것이 있으며, 타동성에는 단계가 있다.

가장 타동사다운 타동사는 대상에 대한 작용과 대상의 변화를 함께 나타내는 《주체동작·객체변화동사》이다. 대상에 대한 작용은 나타내지만, 대상의 변화까지는 포착하고 있지 않은 타동사(주체동작·객체불변화타동사)나, 상대대상을 취하는 타동사가 이에 연속하고 있다. 자동사 중에서 상대대상을 지배하는 동사(상대대상 자동사)는 상대대상 수동문을 만들 수 있다. 심리활동동사는 대상에 작용하거나, 대상을 변화시키는 것은 아니며, 대상과의 관련은 심리과정에 그친다. 따라서 타동성은 상대적으로 희박하다. 수동문을 만드는 타동사 리스트는 다음과 같다(村上1997을 참조).

1. 대상에 대한 작용을 나타내는 동사

1-1. 대상에 대한 작용과 대상의 변화를 동시에 나타내는 동사

1-1-1. 대상이 사물인 경우 (사물주어 수동문을 만드는 동사)

やく、うらがえす、とりこわす、たおす、たたきつぶす、おしつぶす、切断する、伐る、閉める、とじる、たく、ともす、けずる、破る、ふきたおす、なぎたおす、破壊する、煮る、磨く、うちくだく、修理する、かみくだく、とりちらす、あらす、おりたたむ、まるめる、くいあらす、ひっくりかえす、ひらく、消す ／ はりだす、そそぐ、のせる、そえる、はる、おく、つきたてる、かける、ならべる、敷く、とりつける、かざりつける、はめこむ、しきつめる、ちりばめる、かざる、すえる、ほす、はさむ、活ける ／ とりはずす、ひきぬく、おろす、ひきおこす、のける、もぎとる、とりのぞく、はずす ／ 移植する、もちこむ、はこびこむ、おとす、はこぶ、もどす、ひきだす、なげこむ、もちだす、移す、ひきだす、あげる ／ つくる、改築する、建てる、くみたてる、そめあげる、製造する、敷設する

1-1-2. 대상이 사람인 경우(사람주어 수동문을 만드는 동사)

ころす、しばりつける、のせる、つれていく、つれてくる、うつす、とおす、招じ入れる、おろす、ひきだす、ひきずりおろす、ひきずりだす、ひきたてる、さらう、だす、おくる、おくりだす、おさめる、みちびく、とじこめる、いれる、つつむ、おしこめる、つめこむ、ねかす、かくす、しばる、はきだす、ふりおとす、なげだす、おとす ／ あるかせる、あるきまわらせる、のぼらせる、すまわせる、(買いに)いかせる、すわらせる、こしかけさせる ／ やとう、かかえる、ひきとる、かこう、めしつかう

1-2. 대상에 대한 작용을 나타내고 변화는 포착하지 않는 동사

たたく、(ほら貝を)ふく、さわる、ふれる、おす、つねる、ひっぱる ／ とりまく、かこむ、とりかこむ、包囲する ／ だきかかえる、かつぎあげる、ぶんなぐる、くみしく、だく、せおう、だきしめる、かかえる、もちあげる、ける、けっとばす、ひっぱたく、たたく、ふみつける、ひっかく、こづく、はがいじめする、おぶう、おす、ふりまわす、たたきつける、うつ、ゆりおこす ／ 案内する、先導する、連行する、引率する、ひきいる、たずさえる ／ おいかける、おいたてる

2. 상대대상을 취하는 동사 (상대대상 수동문을 만드는 동사)

2-1. 직접대상(を격)과 상대대상(に격)을 취하는 타동사

(직접대상 수동문과 상대대상 수동문을 만드는 동사)

わたす、てわたす、あずける、あたえる、たくす、くばる、配給する、支給する、おくる、あずける、供する、授与する、ふるまう、おごる、投与する、ひきわたす、あてがう、わりあてる、課す、施す、ふりむける ／ しらせる、きかせる、いいわたす、うったえる、おしえこむ、つげる、つたえる、はなす、説明する、しめす、いう、いいふくめる、指摘する、思い知らせる、報告する、紹介する、うちあける

2-2. 상대대상(に격)을 취하는 자동사(상대대상 수동문을 만드는 동사)

まつわる、まといつく、とりすがる、たかる、つきそう、ともなう ／ 気づく、たよる

3. 심리활동동사

みる、みつめる、にらむ、しる、みつける、さとる、発見する ／ 愛する、したう、かわいがる、すく、きらう、うとんずる、寵愛する、尊敬する、信じる、信用する、軽蔑する、ちやほやする、あまやかす、いつくしむ、いたわる、気にいる、惜しむ、にくむ、けむたがる、いやがる、こわがる、おそろしがる、あわれむ、いじめる、迫害する、ばかにする、わらう、ねたむ、ふる ／ しかる、しかりとばす、おこる、いいなだめる、ひやかす、からかう、はやしたてる、もてはやす

사람·사물 자체의 동작·움직임, 사람·사물의 변화, 사람·사물의 상태를 나타내는 동사 리스트는 앞에서 제시하였다.

규칙 3

동사 중에는 타동사와 자동사가 짝을 이루고 있는 경우가 있다.

타동사	자동사
花子が　氷を　<u>とかす</u>。	氷が　<u>とける</u>。
花子が　ちゃわんを　<u>わる</u>。	ちゃわんが　<u>われる</u>。
花子が　ハンカチを　<u>かわかす</u>。	ハンカチが　<u>かわく</u>。
花子が　こまを　<u>まわす</u>。	こまが　<u>まわる</u>。
花子が　ブランコを　<u>ゆらす</u>。	ブランコが　<u>ゆれる</u>。
花子が　紙を　<u>もやす</u>。	紙が　<u>もえる</u>。
花子が　リンゴを　<u>おとす</u>。	リンゴが　<u>おちる</u>。
花子が　水を　<u>ながす</u>。	水が　<u>ながれる</u>。

(1) 〈어휘·문법적 종류〉로서의 자동사와 타동사

대상에 작용하여 대상의 변화를 초래하는 동작을 나타내는 타동사(형태변화동사)에는 주체의 변화를 나타내는 자동사와 짝을 이루고 있는 것이 있다. 타동사 구문의 を격 명사는 짝이 되는 자동사 구문에서는 주어가 된다.

(타동사 구문) 花子が 水を ながす。

(자동사 구문) 水が ながれる。

奥田(1984)는 자동·타동성은 「동사의 어휘적 의미 내용을 구성하고 있는 하나의 측면」이며, 이 측면이 「다른 단어와의 주체·객체적인 결합을 만든다」고 하고 있다. 「그렇다고 하면, 동사의 자동·타동성은 단지 어휘적인 것이 아니라 문법적이기도 하다」라고 하여, 이것이 범주적 의미(カテゴリカルな意味)라고 일컬어지고 있는 것의 하나이며, 범주적 의미의 존재는 「단어에서 문법적인 측면을 잘라낼 수 없다는 것을 말하고 있다」고 한다(奥田1984:48). 범주적 의미에 근거한 단어의 종류를 〈어휘·문법적 종류(계열)〉라고 부른다.

(2) 자타의 짝을 갖는 동사와 갖지 않는 동사

자타의 짝을 갖는 동사의 경우, 타동사의 대부분은 사물에 작용하는 동작의 측면과, 그 결과로서 생겨나는 변화의 측면을 함께 갖는 주체동작·객체변화동사이며, 자동사는 그 대상의 변화를 나타내는 변화동사이다.

「かわかす」와 「ほす」, 「みつける」와 「さがす」, 「練る」와 「こねる」, 「さす」와 「つく」에서 각각 전자는 동작 결과의 상태에, 후자는 동작 과정의 양태에 주목하여 이름이 붙여진 동사이다. 전자는 짝을 이루는 자동사 「かわく、みつかる、練れる、ささる」를 갖지만, 후자는 짝을 이루는 자동사를 갖지 않는다.

① 짝을 이루는 자동사를 갖는 타동사

(※-aru, -reru는 자동사, -su는 타동사)

-aru:-eru	あがるーあげる、あたるーあてる、あつまるーあつめる たかまるーたかめる
-aru:-u	ささるーさす、はさまるーはさむ、ふさがるーふさぐ
-reru:-su	かくれるーかくす、くずれるーくずす、こぼれるーこぼす こわれるーこわす
-reru:-ru	うれるーうる、おれるーおる、きれるーきる、つれるーつる とれるーとる
-ru:-su	うつるーうつす、かえるーかえす、ころがるーころがす ちらかるーちらかす
-eru:-asu	あれるーあらす、かれるーからす、こげるーこがす さめるーさます、ぬれるーぬらす
-u:-asu	うごくーうごかす、かわくーかわかす、とぶーとばす なくーなかす、わくーわかす
-iru:-osu	おきる—おこす、おちる—おとす、おりるーおろす ほろびる—ほろぼす
-u:-eru	あく—あける、うかぶ—うかべる、かたづくーかたづける かなう—かなえる
-eru:-u	きこえるーきく、かけるーかく、くだける—くだく、 さける—さく とけるーとく

(松岡2000 참조)

② 짝을 이루는 자동사를 갖지 않는 타동사

たたく、ふれる、なぐる、ふむ、なでる、くすぐる、掻く、あげる、もらう、やる、いただく、さしあげる、くださる、おしえる、おそわる、要する、占める、ふくむ、ひめる、かねる、さえる、たもつ、まもる、こらえる、ふせぐ、さまたげる、ことわる、こばむ、はばむ、よける、さける、やすむ、なまける、かんがえる、おもう、ゆるす、みとめる、しる、くらべる、みなす、さがす、しらべる、めざす、とげる、かぞえる、はかる、みる、にらむ、ながめる、聞く、かぐ、あじわう、ほめる、はげます、しかす、せめる、けなす、ひやかす、もてなす、いう、のべる、はなす、たずねる、わびる、よろこぶ、たのしむ、おそれる、かなしむ、おしむ、ねがう、いのる、いぶかる

(早津1987 참조)

규칙 4

사람이나 사물을 향해 작용을 가하는 것을 나타내고 있는 문장이 있다. 또한 사람이나 사물이 작용을 받고 있는 것을 나타내고 있는 문장도 있다. 앞의 문장을 능동문, 뒤의 문장을 수동문이라고 한다.

〈능동문〉

りょうしが　くまを　ころした。

ねこが　ねずみを　たべた。

次郎は　太郎を　なぐった。

おじいさんは　太郎に　道を　きいた。

おかあさんは　明子に　かいものを　たのんだ。

〈수동문〉

くまが　りょうしに　ころされた。

ねずみが　ねこに　たべられた。

太郎は　次郎に　なぐられた。

太郎は　おじいさんに　道を　きかれた。

明子は　おかあさんに　かいものを　たのまれた。

⑴ 보이스와 수동문

鈴木(1972:275)는 보이스 범주를 「동사가 나타내는 동작·상태의 주체·대상이나 그에 관계하는 제3자와 주어·보어와의 관계를 나타내는 문법적인 범주」라고 규정하고 있다. 동사의 보이스 형태를 서술어로 갖는 문장을 《보이스 구문》이라고 하며, 기본적인 보이스 구문에는 《능동문》과 《수동문》이 있다. 능동문의 서술어에는 동사의 《능동형》이, 수동문의 서술어에는 동사의 《수동형》이 온다. 동사가 나타내는 동작의 주체를 주어로 삼고, 보어로 삼는 대상에 대하여 작용을 가하는 것을 나타내는 문장은 능동문이다. 이에 반해 동작의 대상을 주어로 삼고, 보어로 삼은 주체로부터 작용을 받는 것을 나타내는 문장은 수동문이다.

⑵ 수동문의 종류

일본어의 수동문에는 [1]직접대상 수동문, [2]상대대상 수동문, [3]소유주 수동문이 있다. 이들 수동문은 모두 동작참가자의 수가 능동문의 경우와 다르지 않으며, 능동문이 나타내는 현실의 사건과 같은 사건을 다른 참가자의 입장에서 나타내고 있다. 앞서 제시한 예문 중 처음 3개의 예문은 직접대상 수동문을, 마지막 2개의 예문은 상대대상 수동문이다.

[1] 직접대상 수동문

太郎は　いちろうに　なぐられた。

[2] 상대대상 수동문

次郎は　犬に　かみつかれた。

[3] 소유주 수동문

花子は　どろぼうに　サイフを　ぬすまれた。

[1] 직접대상 수동문

[1-1] 대상이 사람인 경우

수동문의 주어가 사람인 경우 に격보어=동작 주체의 사용은 자연스럽다.

(능) 大関が　横綱を　たおした。

(수) 横綱が　大関に　たおされた。

(능) 一郎が　花子を　愛した。

(수) 花子が　一郎に／から　愛された。

(능) 太郎が　三郎を　よびとめた。

(수) 三郎が　太郎に／から　よびとめられた。

(능) 太郎は　その子に　花子と　名づけた。

(수) その子は、(太郎に)　花子と　名づけられた。

[1-2] 대상이 사물인 경우

동작대상이 사물인 경우, 수동문의 동작 주체는 명시되지 않거나, に격 이외의 형태로 명시된다.

(능) 太郎が　おもちゃを　こわした。
(수) おもちゃが　(*太郎に)　こわされた。
(능) 太郎が　荷物を　倉庫に　はこんだ。
(수) 荷物が　(太郎の手で／*に)　倉庫に　はこばれた。
(능) 一郎が　その曲を　つくった。
(수) その曲は　一郎によって／*に　つくられた。

[1-3] 대상이 사건(こと)인 경우

동작대상이 사건(こと)인 경우, 수동문의 동작 주체는 명시되지 않거나 「~によって」를 수반하여 명시된다.

(능) 次郎が　被害を　くいとめた。
(수) 被害が　(次郎によって／*次郎に)　くいとめられた。
(능) 当局は　問題の　解決を　うながした。
(수) 問題の　解決が　(当局によって)　うながされた。

[2] 상대대상 수동문

[2-1] に격 상대대상을 취하는 경우
(능) 犬が　太郎に　かみついた。
(수) 太郎が　犬に　かみつかれた。

(능)　太郎が　次郎に　はなしかけた。

(수)　次郎が　太郎に／から　はなしかけられた。

[2-2] に격 상대대상과 직접대상의 두 가지 대상을 취하는 경우

(능)　太郎が　花子に　　　手紙を　わたした。

(수)　花子は　太郎に／から　手紙を　わたされた。

※「手紙が太郎から花子にわたされた。」는 《직접대상 수동문》

(능)　一郎は　次郎に　　　真実を　はなした。

(수)　次郎は　一郎に／から　真実を　はなされた。

※「真実が一郎から次郎にはなされた。」는 《직접대상 수동문》

다음의 예는 형식상으로는 상대대상 수동문으로 보이지만, 서술어가 관용적 결합으로 되어있다. 이 문장에서 を격 명사(「好感を」)는 서술어를 구성하는 부분이며, 단독으로는 보어가 되지 않는다. 따라서 수동문의 주어가 되는 일도 없다.

(능)　みんなは　花子に　　　好感を　もった。

(수)　花子は　みんなに／から　好感を　もたれた。

※「*好感がみんなから花子にもたれた。」는 불가능.

능동문의 직접대상인 〈부착점〉〈제거점〉이 수동문의 주어가 되는 경우는 드물다.

(능) 太郎は　門に　表札を　かけた。

(수) ？門が (太郎によって) 表札を　かけられた。

[3] 소유주 수동문

능동문에서의 を격 직접대상의 소유주가 수동문의 주어로 온다. 소유물=を격 직접대상은 수동문에서도 그대로 유지된다.

(능) どろぼうが　太郎の　サイフを　ぬすんだ。

(수) 太郎が (どろぼうに) サイフを　ぬすまれた。

(능) サッカーが　一郎の　興味を　ひいた。

(수) 一郎は　サッカーに　興味を　ひかれた。

능동문에서의 に격이나 から격 간접대상의 소유주가 수동문의 주어로 오는 경우도 있다. 소유물=간접대상은 수동문에서도 그대로 유지된다.

(능) 花子が　次郎の　部屋に　鍵を　かけた。

(수) 次郎は (花子に) 部屋に　鍵を　かけられた。

(능) どろぼうが　一郎の　畑から　スイカを　ぬすんだ。

(수) 一郎は (どろぼうに) 畑から　スイカを　ぬすまれた。

[4] 대응하는 능동문을 갖지 않는 수동문

보어에 사람명사가 오는 「次郎は 太郎に なぐられた」와 같은 전형적인 수동문에서는 보어가 갖는 동작 주체로서의 성격도 명료하지만,

「次郎は 火に まかれた」와 같은 사물·사건명사가 보어로 오는 수동문에서는 보어가 갖는 동작 주체로서의 성격이 애매해진다. 이런 종류의 수동문중에는 대응하는 능동문을 갖지 않는 것도 있다.

(능) ？雪が　村を　とざした。
(수) 村は　雪に　とざされた。
(능) ＊悪夢が　三郎を　さいなんだ。
(수) 三郎が　悪夢に　さいなまれた。

村上(1986)는 다음과 같이 ①~④의 경우로 나누어, 동작 주체가 《주체성》을 잃어가는 과정을 많은 실례로부터 자세하게 살피고 있다.

① 유정물	鳥が　蛇に　くわえられている。
	松の木が　村の子供に　たたかれる。
② 신체부분	石ころが　彼の足に　けとばされて
	小犬が　私の腕に　だかれて
③ 사물(具体物)	小川は　土手に　おおわれて
	海岸が　林に　さえぎられて
④ 사건(こと)	道子は　戦災で　やけだされた
	島村は　苦痛と悲哀に　打たれた

[5] 제3자 수동문

이 종류의 수동문은 본래의 문장에서 파생되면서 동작참가자가 하나 증가한다. 두 가지 문장(본래의 문장과 거기에서 파생된 제3자 수동문)은

다른 현실을 나타내고 있으며, 보이스의 규정에 포함되는 「현실의 동일 사건을 표현」한다고 하는 기준에서 보면, 이들 문장은 적어도 보이스의 전형적인 대립을 이루고 있다고는 말하기 어렵다. 鈴木(1980)는 이른바 제3자 수동문을 「잠정적으로」라고 일러두면서 《피해문(めいわく構造の文)》이라고 명명하였다. 그리고 그 서술어에 사용되는 《피해동사》는 《타동사》나 《사역동사》와 마찬가지로, 어휘적 의미의 성격에 근거한 어휘·문법적 종류라고 하였다. 또한 高橋(2003)와 같이 이 종류의 수동문을 보이스의 주변적인 하위범주로서 자리매김하는 입장도 있다.

(본)　　　　こどもが　しんだ。
(수)　太郎は　<u>こどもに</u>　しなれた。
(본)　　　　隣人が　朝まで　レコードを　ならした。
(수)　花子は　<u>隣人に</u>　朝まで　レコードを　ならされた。

일반적으로 수동문에서는 주어의 강격(降格)에 수반하여 동작 주체의 배경화가 진행되지만, 제3자 수동문의 경우 그와 같은 현상은 보이지 않으며 동작 주체의 명시는 의무적이다.

규칙 5

능동문에서 동작대상은 보통 조사 「を」나 「に」가 붙은 명사로 나타낸다. 그러나 수동문에서는 동작대상을 나타내는 명사는 주어의 위치에 온다.

능동문　おとうさんが　太郎を　しかった。
〈동작대상〉

수동문　太郎が　おとうさんに　しかられた。
주어

능동문　おかあさんが　花子に　かいものを　たのんだ。
〈동작대상〉

수동문　花子は　おかあさんに　かいものを　たのまれた。
주어

(1) 수동문의 주어

능동문에서 보어에 위치하는 を격이나 に격의 동작대상(직접대상·상대대상)은 수동문에서는 が격이나 toritate의 「−は」형식을 취하며, 주어로 승격(昇格)한다. 주어는 문장의 테마를 제시하는 기능을 담당하는 부분이므로 주어에 위치한 동작대상은 문장의 테마에 적절한 《주체성》을 띠게 된다. 예를 들면 수동문이 계속상의 형태를 취하는 경우, 동작주체의 배경화와 함께 그 문장의 주어가 〈동작대상〉에서 〈상태주체〉로 이행한다.

① (능)	一郎が	テントを	はっている。
	주체	대상	동작
		(동작의 계속)	

② (수)	テントが	一郎の手で	はられている。
	대상	주체	동작
		(동작의 계속=변화과정의 진행)	

③ (수)	テントが		はられている。
	주체		상태
			(변화결과의 계속)

「たおす、こわす、つぶす」와 같은 주체동작·객체변화동사를 서술어로 갖는 능동문은 사건을 주체의 동작으로 파악하는 것에 반하여, 「たおされる、こわされる、つぶされる」의 형식을 서술어로 갖는 수동문은 대상을 주어로 삼는 것으로 주체의 동작을 함의하면서, 사건을 대상의 변화로서 파악하고 있다. 따라서 ②와 같이 수동문의 보어로 동작주체가 명시되어 있는 동안은 계속상은 《동작계속=변화진행》을 나타내는 것에 그친다고 해도, 동작주체가 배경화되는 것으로 《변화결과의 계속》으로 용이하게 이행한다. 더욱이 동작대상이 문제가 되지 않게 되면, 사물이 변화한 결과로서의 상태를 나타내는 문장으로 혹은 사물의 특성을 나타내는 문장으로 이행한다.

	주어	술어	계속상의 의미
능동문	동작주체의 테마화	동작 측면의 전경화	동작계속
수동문	동작대상(=변화주체)의 테마화 (동작주체의 배경화)	변화 측면의 전경화	동작계속 →결과상태

(2) 수동문의 보어

수동문에서는 동작주체를 보어로 명시하는 것이 의무적이지 않게 된다. 다시 말해 동작주체가 보어로 명시된 경우와 명시되어 있지 않은 경우가 있다. 동작주체가 명시되어 있지 않은 이유로서 ①동작주체가 명확하지 않은 경우와 ②동작주체가 문제가 되지 않는 경우가 있다(村上1986:65 참조. 생략의 경우는 여기에서는 고려하지 않는다).

① (どこからか曲がながれてきた)懐かしい　曲が　演奏されている。

② そのテーブルは、かどが　まるく　けずられていた。

〈동작주체를 주어로부터 배제〉시키는 것을 특징으로 하는 수동문은 동작주체를 명시할 수 없을 때 혹은, 명시할 필요가 없을 때에 〈작용이 미친 결과로서의 사물의 상태〉를 표현하기 위하여 사용된다.

한편 동작주체가 보어로 명시되어야만 하는 경우가 있다. 이 경우 전술한 바와 같이 하나의 보어 안에 〈동작주체〉의 역할과 〈장소·수단·기점·원인, …〉의 역할이 공존하는 단계를 거쳐, 마침내 〈동작주체〉성을 잃고 〈원인〉성이 전경화하여, 결국에는「日に　さらされ

る、雨に　あらわれる、ふんいきに　おされる、魔力に　とりつかれる、…」와 같이 능동문과의 대립이 무너져 관용구나 합성술어를 만드는 것들도 나오게 된다.

突然、先生から電話口へ呼び出された。
アルコールは胃と腸で吸収される。
その薄い葉は、いまにも風にもぎとられ、とばされそうにみえた。

규칙 6

능동문에서 수동문을 만들 때는 서술어로 오는 동사를 수동형으로 바꾼다. 동사는 보통 능동형과 수동형으로 나누어진다.

능동문	太郎が	おとうとを	なぐった。
수동문	おとうとが	太郎に	なぐられた。

능동형	수동형
ころす	ころされる
うつ	うたれる
たのむ	たのまれる
おしえる	おしえられる
なぐる	なぐられる
ほめる	ほめられる

수동형은 기본동사의 어근에 문법적 접미사 -(r)areru를 붙여서 만든다. 강변화동사(五段動詞)의 경우 자음으로 끝나는 어근에 -areru를, 약변화동사(一段動詞)의 경우 모음으로 끝나는 어근에 -rareru를 붙인다.

yom-u	yom-are-ru	tabe-ru	tabe-rare-ru
taos-u	taos-are-ru	osie-ru	osie-rare-ru
nagur-u	nagur-are-ru	home-ru	home-rare-ru

수동형은 텐스, 무드, 접속관계에 따라 활용한다.

yom-u	yom-are-ru	tabe-ru	tabe-rare-ru
yon-da	yom-are-ta	tabe-ta	tabe-rare-ta
yom-o	yom-are-yo	tabe-yo	tabe-rare-yo
yom-e	yom-are-ro	tabe-ro	tabe-rare-ro
yom-eba	yom-are-reba	tabe-reba	tabe-rare-reba

연습문제

1. 다음 동사들을 수동형으로 바꾸시오.

言う　行く　起こす　立つ　死ぬ　呼ぶ　踏む
切る　考える　見る　持っていく　相談する

2. 다음의 1)~6)으로 만들 수 있는 수동문을 모두 쓰시오.

1) 先生が太郎の作文をほめた。
2) 知らない人が太郎に声をかけた。
3) 電車の中で、隣の人が太郎の足を踏んだ。
4) 太郎が花子をパーティーに誘った。
5) 太郎は花子に韓国語を教えた。
6) 隣人が一晩中レコードをかけた。

3. 능동문과의 관계를 고려하여 다음 1)~8)의 수동문을 본문에서 제시한 다섯 가지 타입으로 나누시오.

1) 太郎は赤ちゃんに泣かれた。
2) 問題の解決が当局によってうながされた。
3) 花子は太郎から手紙をわたされた。
4) 横綱が大関にたおされた。
5) 手紙が太郎から花子にわたされた。
6) 村は雪にとざされた。
7) 太郎はどろぼうに畑からスイカをぬすまれた。
8) 太郎はサッカーに興味をひかれた。

〈참고문헌〉

奥田靖雄(1992)「動詞論」(奥田靖雄(2015)『奥田靖雄著作集3 言語学編(2)』, むぎ書房に所収)
奥田靖雄(1984)『ことばの研究・序説』,むぎ書房
工藤真由美(1990)「現代日本語の受動文」『ことばの科学4』,むぎ書房
須賀一好(1981)「自他違い―自動詞と目的語、そして自他の分類―」『馬渕和夫博士退官記念国語学論集』,大修館書店
須賀一好・早津恵美子編(1995)『日本語研究資料集　動詞の自他』,ひつじ書房
鈴木重幸(1972)『日本語文法・形態論』,むぎ書房
鈴木重幸(1996)『形態論・序説』, むぎ書房
鈴木重幸(1980)「動詞の「たちば」をめぐって」『教育国語』60号, むぎ書房(鈴木重幸(1996)『形態論・序説』むぎ書房に所収)
高橋太郎(2003)『動詞九章』,ひつじ書房
寺村秀夫(1982)『日本語のシンタクスと意味Ⅰ』,くろしお出版
仁田義雄(1991)「ヴォイス表現と自己制御性」仁田義雄編『日本語のヴォイスと他動性』,くろしお出版
早津恵美子(1987)「有対他動詞と無対他動詞の違いについて―意味的な特徴を中心に―」(須賀・早津編1995に所収)
松岡弘監修(2000)『日本語文法ハンドブック』,スリーエーネットワーク
村上三寿(1986)「うけみ構造の文」『ことばの科学1』,むぎ書房
村上三寿(1997)「うけみ構造の文の意味的なタイプ」『ことばの科学8』,むぎ書房
村上三寿(1989)「動詞のうけみのかたちにおける結果相」『ことばの科学3』,むぎ書房
村木新次郎(1989)「ヴォイス」『講座 日本語と日本語教育4』,明治書院
Я.Г.テステレツ(2001)『一般構文論序説』

제14장

사역문

1. 도입[11)]

이 장에서는 제13장 수동문의 기본적인 보이스 구문에 이어 사역문을 다루기로 한다. 〈~させる〉형(사역동사)을 서술어로 삼는 사역문은 주어, 보어의 구문=의미적 내용이 단문과는 다르며, 독특한 구조를 이루고 있다. 동사술어문의 주어는 보통 동작주체를 나타내고 있으나, 사역문의 주어는 동작을 하도록 지시하거나 허가를 부여하는 제3자이며, 동작주체는 보어의 위치에 온다.

사역문은 주어나 보어에 위치한 명사의 어휘적 의미의 성격(〈사람〉, 〈사물〉, 〈사건〉), 서술어로 오는 동사의 의지=무의지성, 동작의 원천(源泉)이 사역주체(지시자)에 있는가, 동작주체에 있는가 등의 조건에 따라 다양한 문법적 의미를 파생시킨다.

---

11) 제14장은 佐藤里美(1987)「「使役構造の文」の指導(上)」에 근거하고 있음을 밝혀둡니다.

규칙 1

어떤 사람이 다른 사람에게 작용하여 무엇인가를 시키려고 하는 사건을 표현하기 위해서는 사역문이 사용된다. 사역문에서는 타인에 대해 지시하는 동작과, 지시를 받은 사람이 행하는 동작이 하나로 통합되어 표현된다.

先生が　さしずする。
生徒が　作文を　かく。
先生が　生徒に　作文を　かかせる。

おとうさんが　しむける。
太郎が　にんじんを　食べる。
おとうさんが　太郎に　にんじんを　食べさせる。

おかあさんが　たのむ。
花子が　さらを　あらう。
おかあさんが　花子に　さらを　あらわせる。

監督が　命ずる。
じろうが　ベンチに　すわる。
監督が　じろうを　ベンチに　すわらせる。

先生が　ゆるす。
生徒が　家に　かえる。
先生が　生徒を　家に　かえらせる。

(1) 사역문의 기본 의미

위의 예문에서는 지시를 하는 주체(지시자)와 지시를 받아 동작을 하는 동작주체가 관여하고 있다. 이들 문장은 어떤 사람이 다른 사람에게 작용을 가하여 무엇인가를 시키려고 하는 사건을 나타내는 문장이다. 이러한 사건을 나타내는 문장을 사역문이라고 한다. 모든 사역문에는 〈~させる〉형의 동사술어가 사용되는데, 이러한 동사를 사역동사라고 한다.

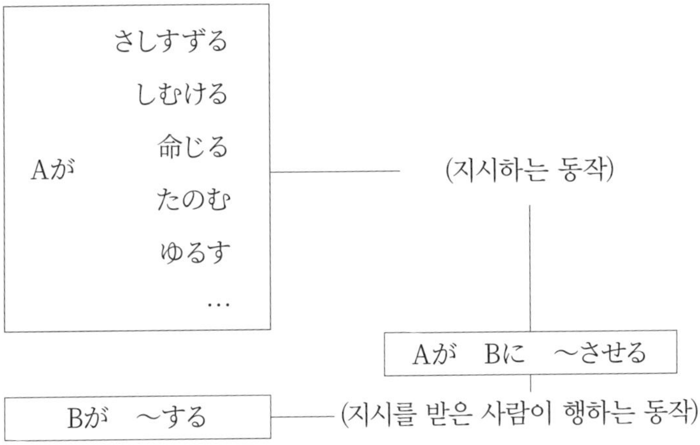

● **규칙 2**

사역문에서 주어의 위치에 오는 명사는 동작을 하게 만드는 사람을 나타낸다. 이것을 사역주체(지시자)라고 한다. 지시를 받아서 실제로 동작을 행하는 사람은 피사역주(동작주체)이며, 보어로 나타난다. 보어의 위치에 오는 명사는 に격 또는 を격의 형태를 취한다.
사역문의 서술어로 오는 사역동사에는 타동사로부터 만들어진 것과 자동사로부터 만들어진 것이 있다. 타동사로부터 만들어진 경우에는 に격 명사로, 자동사로부터 만들어진 경우에는 を격 명사로 보어를 나타낸다.

生徒が　作文を　かく。
〈동작주체〉

先生が　生徒に　作文を　かかせる。
주어　보어

次郎が　家へ　かえる。
〈동작주체〉

先生が　次郎を　家へ　かえらせる。
주어　보어

(1) 사역문의 주어와 보어

앞서 설명한 바와 같이 사역문에서는 현실의 사건으로서 두 사람의 관여자(사역주체와 동작주체)의 동작(어떤 사람이 타인에게 지시하는 동작과 지시를 받은 사람이 행하는 동작)이 하나로 통합되어 표현된다. 아래의 ①

②에서는 본래의 문장과 사역문의 주어는 동일하나 동작의 주체(かく人、かえる人)가 다르다. ③④에서는 원래 문장의 주어가 사역문에서는 보어가 되어 두 문장의 동작주체(かく人、かえる人)가 동일하다.

① 先生は　じぶんで　教科書を　よむ。
先生は　生徒に　教科書を　よませる。

② おかあさんは　じぶんで　晩ごはんを　つくる。
おかあさんは　むすめに　晩ごはんを　つくらせる。

③ いつも　太郎は　そうじを　する。
おかあさんは　いつも　太郎に　そうじを　させる。

④ 花子は　いつも　ぎゅうにゅうを　のむ。
おばあさんは　いつも　花子に　ぎゅうにゅうを　のませる。

(2) 사역동사의 성격과 보어의 형태

앞서 제시한 예문과 같이 사역문의 보어로 오는 동작주체는 사역동사의 성격에 따라 に격을 취하거나 を격을 취한다. 위에 제시한 예문 ①~④와 같이 사역문의 서술어로 타동사에서 파생된 동사가 오는 경우, 보어(동작주체)는 に격 명사로 나타낸다. 아래의 ⑤⑥에서처럼 자동사에서 파생된 사역동사의 경우는 보어(동작주체)를 を격 명사로 나타낸다.

⑤ 生徒が　廊下に　立つ。

先生が　生徒を　廊下に　立たせる。

⑥ 子供が　郵便局に　行く。

おかあさんは　子供を　郵便局に　行かせる。

규칙 3

사역동사가 의지동사로부터 만들어진 경우, 사역문은 상대의 의지에 작용을 가하여 동작을 행하게 하는 것을 나타낸다.

おかあさんが　はな子に　晩ごはんを　つくらせる。
おとうさんが　たろうに　やさいを　たべさせる。
先生が　たろうを　いすに　すわらせる。
あき子が　じろうを　駅まで　はしらせる。

(1) 의지동사와 무의지동사

인간의 의지적인 동작(인간의 의지에 의해 좌우될 수 있는 동작)을 나타내는 동사를 의지동사라고 한다. 인간의 의지적인 동작을 나타낼 수 없는 무의지동사에는 자연현상 등의 비정물의 움직임·상태를 나타내는 동작이나, 사람의 동작에서도 생리적 현상이나 일종의 심리적 현상을 나타내는 동사와 가능동사가 포함된다.

의지동사

よむ、かく、いく、かえる、つくる、こわす、たべる、のむ……

무의지동사

〈비정물의 동작·상태〉

ある、ながれる、ひかる、こおる、とける、こわれる、(雨が)ふる、(風が)ふく……

〈사람의 생리현상〉

しびれる、いたむ、ほてる、むせる、老いる、わかがえる……

〈사람의 심리현상〉

あきる、あきれる、このむ、こりる、こまる、しょげる、はにかむ……

〈가능〉

できる、およげる、うかる、たすかる、もうかる……

의지동사와 무의지동사의 구별은 동사의 무드(명령형)에도 영향을 끼친다. 또한 같은 동사가 의미·용법에 따라 의지적으로도 무의지적으로도 사용되는 경우가 있다.

まあ、二階へ　あがれ。　(의지동사)
物価が　あがる。　(무의지동사)

의지동사와 무의지동사에 관해서는 宮島達夫(1972)에서도 자세하게 분석하고 있다.

(2) 의지동작 사역문

사역문은 《작용(はたらきかけ)》의 성격이라는 관점에서 사역동사가 의지동사에서 파생된 경우와 무의지동사에서 파생된 경우로 나눌 수 있다(이하 전자를 의지동작 사역문, 후자를 무의지동작 사역문으로 부르기로 한다). 의지동작 사역문의 기본 용법은 《지시》, 즉 〈지시하여 상대에게 동작을 시키는 것〉이다. 이 경우 사역주체의 작용도 의도적이다. 타동사에서 파생된 사역동사를 서술어로 갖는 의지동작 사역문에서는 동작주체는 に격 보어로 나타난다. を격 보어는 본래의 타동사 문장의 직접대상이다.

① おじいさんは、野球バットをたろうに握らした。
② おかあさんはくだものを買ってきて、花子に持たせた。
③ こどもにバナナを食べさせようと思って、買ってきた。
④ 先生はそろばんを小学生に使わせてみた。
⑤ おじさんは、おばさんに肩をもませながら、ビールを飲んだ。

그러나 아래의 예문 ⑥~⑩과 같이 자동사에서 파생된 사역동사를 서술어로 갖는 의지동작 사역문의 경우, 동작주체는 보통 を격 보어로 나타난다.

⑥ 校長先生はこどもたちをベンチに腰かけさせた。
⑦ 先生は次郎を自分の前に立たせて、みんなにむかって叫んだ。
⑧ おばあさんは花子を客用の座布団の上に座らせた。

⑨ 先生は生徒たちを帰らせてから、考え込んだ。

⑩ おかあさんは花子を庭で遊ばせながら針仕事をしているところだった。

위에 예시한 의지동작 사역문 ①~⑩에서 서술어로 쓰인 사역동사를 원래의 동사로 환원시켜보면, 동작주체를 が격 주어로 하는 문장이 된다.

太郎が　野球バットを　にぎる。

花子が　くだものを　もつ。

こどもが　バナナを　たべる。

小学生が　そろばんを　つかう。

おばさんが　(~の)かたを　もむ。

太郎が　こしかける。

次郎が　たつ。

花子が　すわる。

生徒たちが　かえる。

花子が　あそぶ。

규칙 4

사역동사가 무의지동사로부터 만들어진 경우에는 사역주체의 동작·상태 그 자체가 상대에게 작용을 가하여 변화를 초래하는 것을 나타낸다.

太郎は　よく　冗談を　言って、花子を　わらわせた。

次郎は　やっと　おかあさんを　安心させた。

花子は　いつも　おやに　不安を　いだかせる。

医者は　人工呼吸で　こどもの　息を　ふきかえさせた。

(1) 무의지동작 사역문

인간의 무의지적 현상(생리적, 심리적, 사회적 상태변화)을 일으키는 것을 나타내는 무의지동작 사역문에서는 원래의 동사가 나타내는 상태변화가 의지에 근거하는 것이 아니라 자연적으로 생겨나는 일이기 때문에 그 변화를 일으키는 작용도 독특한 성격을 띠게 된다.

의지동작 사역문에서는 전형적인 《지시》와 같은 수단으로는 이러한 변화를 일으킬 수 없다. 사역주체는 단순한 《지시자》에 그치는 것이 아니라, 어떠한 실질적인 동작을 하거나 상대에게 어떠한 반응을 불러일으키게 하는 성질을 띠는 《행위자》 또는 《성질·상태의 소유주》이어야 한다. 《지시》를 나타내는 의지동작 사역문에서는 《작용》이 주로 제1관여자=사역주체의 의식 및 언어활동으로서의 발언 속에, 혹은 기껏해야 몸짓이나 표정 등의 어떠한 의지 전달수단 안에 《요구》로서 존재하고, 동작주체에게 그 《요구》에 대응하는 동작을 시키는 것이다.

한편 무의지동작 사역문에서는 제1관여자=사역주체의 《작용》은 사역 주체의 요구 유무(의도적인가, 의도적이지 않은가)에 관계없이, 사역주체가 행하는 실질적·구체적인 동작·성질·상태가 상대에게 작용하여 상대에게 새로운 변화가 생기게 하는 것이다. 지시를 나타내는 문장에서는 보어=상대가 요구를 받는 쪽이라고 한다면, 무의지동작 사역문, 특히 《변화의 초래》를 표현하는 문장에 나타나는 《상대》는 실질적인 작용의 대상이다.

본래의 동사	사역문의 의미
의지동사 つかまえる、つくる、かく、こしかける、あるく、たつ …	《지시》
무의지동사 おどろく、かなしむ、おこる、安心する、ふきかえす	《변화의 초래》

규칙 5

사역주체가 작용을 가하기에 앞서 동작주체의 동작이 자신의 의지에 근거하여 이미 발생한 경우, 혹은 동작을 실현하고자 하는 바람이 이미 동작주체에게 존재하고 있는 경우, 사역문은 동작주체의 동작을 허가하거나, 하는 대로 방임하거나 되는 대로 방치하는 것을 나타낸다.

ゲームばかりしていては体によくないので、そとであそばせた。

《지시》

次郎はいつも花子のわるぐちをいって、なかせていた。

《변화의 초래》

かぜをひいていて心配だったが、どうしても外であそびたいというので、三十分だけあそばせた。 《허가》

まだまだあそびたがったので、何もいわずにそのままあそばせた。 《방임》

何をいっても泣き止みそうにないので、泣きたいだけ泣かせた。

《방치》

(1) 의지동작 사역문의 문법적 의미

이상과 같이 〈사람이 사람에게 작용을 가하는〉 것을 표현하는 문장, 즉 사역문에는 기본 용법으로서 《지시》를 나타내는 의지동작 사역문과 《변화의 초래》를 나타내는 비의지동작 사역문이 있다는 것을 확인하였다. 규칙 5에서는 동작의 《원천(源泉)》이 어디에 있는가라는 관점에서, 의지동작/비의지동작 사역문의 문법적 의미를 설명한다.

《지시》 사역문에서는 사역주체가 동작주체에 작용을 가한다는 것과 동작주체가 행하는 동작도 의지적이라는 조건이 붙는다(구별이 쉽도록, 사역주체가 동작주체에 작용하는 방법을 〈의도적〉이라고 하기로 한다). 이 조건을 충족하는 사역문은 사용빈도가 높고, 본래의 문장과의 비교에 있어서도 가장 〈사역〉이라는 이름에 어울리는 의미를 갖는다. 사역문은 본래 상대의 주체성을 매개로 하여 성립하는 동작을 표현하면서, 그 동작의 성립에 적극적으로 관여하는 사람을 작용주체로 하여 주어의 위치에 오게 한다. 그러나 의지동사를 서술어로 갖는 문장은 이 조건을 충족하는 것에만 한정되지 않는다.

의지동작 사역문은 사역주체의 어떠한 움직임(작용)이 없으면 동작주체의 동작 그 자체가 행해질 수 없는 경우와 사역주체의 움직임(작용) 유무와 관계없이, 동작주체의 동작이 행해지는 경우가 있다. 다시 말해 동작주체의 동작의 원천이 사역주체에 있는 경우와, 동작주체에 있는 경우가 있다.

(A) 의지동작의 원천이 사역주체에 있는 경우

家の中にばかりいては体によくないので、そとで<u>あそばせた</u>。

《지시》

(B) 의지동작의 원천이 동작주체에 있는 경우

まだまだあそびたがるふうだったので、何もいわずにそのままあそばせた。《방임》

かぜをひいていて心配だったが、どうしても外であそびたいというので、三十分だけあそばせた。《허가》

(A)의 예문은 규칙 4에서 설명한 《지시》를 나타내는 문장이다. 보통 이런 종류의 문장에서는 동작을 행하게 하는 원천이 되는 최초의 동기, 발단이 사역주체에 있다. 사역주체의 목적의식 또는 의도 안에 동작을 행하게 하려고 하는 의지가 미리 준비되어 있어, 《명령》 등의 수단으로 상대=동작주체에게 작용을 가하는 것이다. 이와 같이 동작의 원천이 사역주체에 있는 경우, 그 문장은 〈인위적 의도〉를 갖는 경우가 많다.

(B)의 예문은 《방임》 또는 《비의도적 방임》을 표현하는 문장이다. 「あそぶ」라고 하는 동작은 사역주체가 작용을 가한 결과로 행해진 것이 아니라, 동작주체 자신으로부터 시작된 것이다. 동작주체의 주체적 의지, 의욕 안에 동작이 행해지는 근본(원천)이 있는 것인데, 사역문을 사용하여 마치 사역주체가 행동을 하게 한 것과 같이 표현하는 것으로, 동작 주체로 표현되는 사람과 사역주체로 표현되는 사람 사이에 어떠한 사회적인, 심리적인 관계가 있음을 전달하는 것이다. 이른바 《허가》를 표현하는 문장도 동작의 원천은 동작주체에 있다. 동작주체의 의도 안에 혹은 사역주체의 《허가》라는 지시에 앞서, 시간적으로 먼저 그 동작의 발단이 없다면 이와 같은 동작은 성립하지 않는다. 동작의 원천이 동작주체에 있는 경우 그 문장은 〈허용성〉의

특징을 갖는다.

(2) 무의지동작 사역문의 문법적 의미

무의지동작 사역문도 그 동작을 행하게 하는 원천이 사역주체에 있는 경우와 동작주체에 있는 경우가 있다.

(C) 무의지동작의 원천이 사역주체에 있는 경우

太郎はいつも花子のわるぐちをいって、なかせていた。

《변화의 초래》

(D) 무의지동작의 원천이 동작주체에 있는 경우

何をいってもな泣き止みそうにないので、泣きたいだけ泣かせた。

《방치》

(C)는 동작주체의 동작이 사역주체의 어떠한 작용에 의해 행해지거나 사역주체가 어떠한 성질을 띠거나 어떤 상태에 놓여 있기 때문에 그 영향이 동작주체에 미쳐 변화를 초래하는 것을 표현한다.

(D)는 동작주체의 동작이 사역주체의 존재와는 관계없이 동작주체 자신의 내적 본성=자연적으로 생기거나, 동작주체를 둘러싼(사역주체 이외의) 환경(상황)의 작용에 의해 생겨, 사역주체는 그 동작의 진행을 방해하지 않는 것을 표현한다.

각각을 《원천=사역주체 구조》, 《원천=동작주체 구조》라고 불러서 구별한다고 한다면, (C)는 《변화의 초래》를, (D)는 《방치》를 표현한다. 또한 (C)(D)에 모두 각각 의도적인 경우와 비의도적인 경우가 있는데, 그중에서《의도적 변화의 초래》는《인과관계》를 표현하고 있다고 보아도 무방하다.

동작의 원천이 어디에 있는가라는 관점에서, 의지동작/무의지동작 사역문의 문법적 의미를 간단히 정리하면 다음과 같다.

<table>
<tr><td colspan="2" rowspan="2"></td><td colspan="2">〈동작의 원천〉의 소재</td></tr>
<tr><td>사역주체</td><td>동작주체</td></tr>
<tr><td rowspan="3">본래의 동사</td><td rowspan="2">의지동사</td><td rowspan="2">지시</td><td>허가</td></tr>
<tr><td>방임</td></tr>
<tr><td>무의지동사</td><td>변화의 발생</td><td>방치</td></tr>
</table>

※ 〈동작의 원천〉이 사역주체에 있는 경우 = 사역주체의 작용이 먼저 있고, 그것에 의해 동작주체의 동작이 행해지는 경우.

※ 〈동작의 원천〉이 동작주체에 있는 경우 = 동작주체의 동작이 먼저 행해지거나 혹은 동작을 행하고 싶다고 하는 바람이 있고, 그다음에 동작주체의 동작에 대해 사역주체가 허가하거나 방임하는 경우.

● **규칙 6**

사역문을 만들 때는 서술어로 오는 동사를 사역형으로 바꾼다.

원래의 문장	先生は		教科書を	よむ。
사역문	先生は	生徒に	教科書を	よませる。

원래의 동사	사역형
よむ	よませる
のむ	のませる
たつ	たたせる
たべる	たべさせる
いく	いかせる
なく	なかせる

사역동사는 기본동사의 어근에 문법적 접미사 −(s)aseru를 붙여서 만든다.

강변화동사(五段動詞)의 경우, 자음으로 끝나는 어근에 −aseru를, 약변화동사(一段動詞)의 경우, 모음으로 끝나는 어근에 −saseru를 붙인다.

yom-u	yom-ase-ru	tabe-ru	tabe-sase-ru
kak-u	kak-ase-ru	oki-ru	oki-sase-ru
ka-u	kaw-ase-ru	uke-ru	uke-sase-ru

회화체에서는 기본동사의 어근에 −as−u/−sas−u를 붙여서 사역동사를 만드는 경우도 있다.

yom-u	yom-ase-ru	~	yom-as-u
tabe-ru	tabe-sase-ru	~	tabe-sas-u

사동동사도 텐스, 무드, 접속관계에 따라 활용한다.

yom-u	yom-ase-ru	tabe-ru	tabe-sase-ru
yon-da	yom-ase-ta	tabe-ta	tabe-sase-ta
yom-o	yom-ase-yo	tabe-yo	tabe-sase-yo
yom-e	yom-ase-ro	tabe-ro	tabe-sase-ro
yom-eba	yom-ase-reba	tabe-reba	tabe-sase-reba

연습문제

1. 다음 동사들을 사역형으로 바꾸시오.

言う　行く　起こす　立つ　死ぬ　呼ぶ　踏む
切る　考える　見る　持っていく　相談する

2. 다음 a, b의 두 문장이 나타내는 사건으로 사역구조의 문장을 만드시오.

1) a. 生徒たちが本を読んだ。

   b. 先生が指示した。

2) a. 花子が遊んでいる。

   b. お母さん、そのままにしておいた。

3) a. 赤ちゃんがミルクを飲んだ。

   b. お母さんが、飲めるように手伝ってあげた。

4) a. 太郎が留学に行った。

   b. お父さんが、それを許した。

3. ( ) 안의 단어를 사용하여 사역구조의 문장을 완성하시오.

1) 太郎が肉を食べさせた。(ポチ)
2) 太郎はやっと安心させた。(お母さん)
3) 花子に水をくませた。(お母さん)
4) 監督がベンチにすわらせた。(太郎)
5) 先生が家にかえらせた。(花子)
6) 太郎はいつも不安をいだかせた。(花子)

4. 다음 1)~8)의 사역구조 문장의 의미를 잘 생각하여, 본문에서 제시한 5가지 타입으로 나누시오.

1) 花子はよく冗談を言って、太郎を笑わせた。

2) 太郎が花子に荷物を運ばせた。

3) 花子はむりやり太郎に夕食をつくらせた。

4) 何を言ってもなきやむわけもないので、なきたいだけ泣かせた。

5) 太郎はだまって花子にしゃべらせていた。

6) 風邪を引いて心配だったが、どうしても外で遊びたいというので、三十分だけ遊ばせた。

7) 太郎はいつも花子のわるぐちを言って、泣かせていた。

8) 花子は太郎を駅まで走らせた。

〈참고문헌〉

佐藤里美(1986)「使役構造の文」『ことばの科学1』, むぎ書房

佐藤里美(1987)「「使役構造の文」の指導(上)」『教育国語』88, むぎ書房

鈴木重幸(1972)『日本語文法·形態論』, むぎ書房

宮島達夫(1972)『動詞の意味用法の記述的研究』, 秀英出版

연습문제 정답

제1장

1. ③
2. ③
3. 동작의 주체(명령문, 의뢰문의 동작의 주체는 청자(2인칭), 권유문에서는 동작의 주체가 화자와 청자 모두(1인칭, 2인칭))
4. ④
5. (답안 생략)

제2장

1. 1) 4　2) 2　3) 2　4) 5　5) 1
2. ②
3. a, b, c / d, e, g / f, h
4. ②
5. ④
6. 특성형용사: a, d / 상태형용사: b, c, e, f, g
7. a, c, d, f / b, e, g

제3장

1. (참고 답안)
   동작을 나타내는 문장: 太郎が　およぐ。
   변화를 나타내는 문장: たんぽぽが　さく。
   상태를 나타내는 문장: 星が　かがやく。
2. (참고 답안)
   상태를 나타내는 문장: スープが　あたたかい。
   특성을 나타내는 문장: さとう先生は　やさしい。
3. (참고 답안)
   질을 나타내는 문장: トマトは　やさいだ。

4. (참고 답안)

太郎が　海で　およぐ。

きいろい　たんぽぽが　さく。

さとう先生は　いつも　やさしい。

제4장

1. ①
2. ①
3. ②
4. ①
5. ②

제5장

1. ③
2. は
3. も
4. は
5. が

제6장

1. 〈지금 있는〉 사건: 1) / 〈지금까지 있었던〉 사건: 2) / 〈앞으로 있을〉 사건: 3), 4)
2. 1) これから、うかがいます
   2) 人です
   3) きのう、会いました
   4) いま、読んでいる、明日、お貸しします

3. 1) 寝ている
   2) 飲んだ (飲みました)
   3) 見える (見えます)
   4) 始まります
4. 1) つかれていた: 절대텐스 / 帰りました: 절대텐스
   2) 終わった: 상대텐스 / 出してください: 절대텐스
   3) 割れている: 절대텐스 / 入った: 절대텐스

제7장

1. 동작동사: はしる、たべる、みる、あそぶ、なく、ほめる、おどる、ふる、たたく、はなす、あける、はじめる、わらう、おどる
   변화동사: やぶれる、ちる、しぬ、くさる、ぬれる、あく、ふとる、われる、いく、たつ
2. ②
3. (답안 생략)
4. ②
5. ④

제8장

1. ③
2. ①
3. ②
4. ①
5. (답안 생략)

제9장

1. ③
2. 1) 동시
   2) 계기
   3) 동시
   4) 동시
3. (답안 생략)

제10장

1. 1) 1차성분: 花が、咲きました
      2차성분: 보어– 庭には、花と
      연체수식어– 黄色い、バラ色の
      연용수식어– きれいに
   2) 1차성분: 父は、好きで、登りました
      2차성분: 보어– 山登りが、富士山に、モンブランに
      상황어– 日本では、フランスでは
   3) 1차성분: 火事が、起こりましたが、消し止められました
      2차성분: 연체수식어– ちょっとした
      연용수식어– すぐ
      상황어– 不注意から
   4) 1차성분: 遊びました
      2차성분: 보어– 友達と
      연용수식어– 二人で、裸足で
      상황어– 海辺で、 夜まで
   5) 1차성분: 起きて、乗って、出ましょう
      2차성분: 보어– 電車に
      연체수식어– 8時の
      상황어– あしたは、 7時に、 町を

제11장

1. ④
2. ①
3. ④
4. ②
5. (답안 생략)
6. ①, ③
7. ①

제12장

1. ④
2. ①
3. ③
4. ②
5. ④
6. ③

제13장

1. (답안 생략)
2. 1) 太郎の作文は先生にほめられた。
   太郎は先生に作文をほめられた。
   2) 太郎は知らない人に(知らない人から)声をかけられた。
   3) 電車の中で、太郎は隣の人に足を踏まれた。
   電車の中で、太郎の足は隣の人に踏まれた。
   4) 花子は太郎からパーティーに誘われた。
   5) 花子は太郎から韓国語を教えられた。
   6) 私は(太郎は)隣人に一晩中レコードをかけられた。

3. 직접대상 수동문: 2), 4), 5)
상대대상 수동문: 3)
소유주 수동문: 7), 8)
대응하는 능동문을 갖지 않는 수동문: 6)
제3자 수동문: 1)

제14장

1. (답안 생략)
2. 1) 先生が生徒たちに本を読ませた。
2) お母さんが花子を遊ばせた。
3) お母さんが赤ちゃんにミルクを飲ませた。
4) お父さんが太郎を留学に行かせた。
3. 1) 太郎がポチに肉を食べさせた。
2) 太郎はお母さんをやっと安心させた。
3) お母さんが花子に水をくませた。
4) 監督が太郎をベンチにすわらせた。
5) 先生が花子を家に帰らせた。
6) 太郎は花子にいつも不安をいだかせた。
4. 지시: 2), 3), 8)
허가: 6)
방임: 5)
방치: 4)
변화의 발생: 1), 7)

저자 약력

김미정 [제5장 담당]

- 한국외국어대학교 박사
- (현) 배화여자대학교 강사, (주)티엠컨설팅 대표
- 주요 업적: 「命令文の意味用法に関する研究」 韓國外國語大學校(2015)

김수진 [제8장 담당]

- 한국외국어대학교 박사
- (현) 숭실대학교 강사
- 주요 업적: 「反語文における<指示詞の使用>に関する研究」『일본연구』 39, 일본연구소(2015)

동소현 [제6장 담당]

- 한국외국어대학교 박사
- (현) 한국외국어대학교 강사
- 주요 업적: 「知覚動詞「聞く」の意味拡張について」『日本言語文化』51集 (2020)

류경희 [제1장 담당]

- 한국외국어대학교 박사
- (현) 장안대학교 교수
- 주요 업적: 「(ノ)デハナイカ」의 문법화 특징」『일본어학연구』(2010)

박수연 [제2장 담당]

- 오사카대학 박사
- (현) 고베대학 교수
- 주요 업적: 「副詞「あくまで(も)」の意味·用法の変遷」『統語構造と語彙の多角的研究』開拓社(2020)

안지홍 [제11장 담당]

- 한국외국어대학교 박사
- (현) 숭실대학교 강사
- 주요 업적: 「ハンガリー語の時間的限定性に関する一考察」『日本語文學』第71輯(2015)

이희승 [제7장 담당]

- 한국외국어대학교 박사
- (현) 한국외국어대학교 강사
- 주요 업적: 「テンス·アスペクトにおける韓日両言語の対照研究」韓国外国語大学校(2016)

임지영 [제9장 담당]

- 도쿄대학 박사
- (현) 전남대학교 교수
- 주요 업적: 「副詞「せっかく」の史的変遷」『国語と国文学』93-8, 東京大学国語国文学会(2016)

장희주 [제4장 담당]

- 동경학예대학 박사
- (현) 한국외국어대학교 강사
- 주요 업적: 「応答表現「はい、そうです」をめぐって」『일본학연구』제55집 단국대학교(2018)

전자연 [제13장, 제14장 담당]

- 오사카대학 박사
- (현) 경상대학교 교수
- 주요 업적: 「現代日本語における副詞の感動詞用法をめぐって」『日本言語文化』46(2019)

정상철 [제12장 담당]

- 오사카대학 박사
- (현) 한국외국어대학교 교수
- 주요 업적: 『일본어부정의문문에 관한 연구』 한국외대 지식출판콘텐츠원 (2018)

하재필 [제3장, 제10장 담당]

- 오사카대학 박사
- (현) 부산대학교 교수
- 주요 업적: 「現代日本語の動詞条件形の脱動詞化」『日本研究』40(2016)

타카하시 미호(高橋美保, 일본어 예문 감수)

- 한국외국어대학교 박사
- (현) 한국외국어대학교 교수
- 주요 업적: 「副詞「たしかに」の二つの機能」『日本言語文化51集』(2020)

현대 일본어 기초 문법

초판 인쇄	2020년 09월 01일
초판 발행	2020년 09월 07일
지은이	정상철 외 12명
발행인	김인철
총괄·기획	윤성우 Director, University Knowledge Press
편집장	신선호 Executive Knowledge Contents Creator
도서편집	이근영 Contents Creator
디자인	우승민 Designer
재무관리	하누리 Managing Creator
전자책·사전	장혜린 Contents Creator
발행처	한국외국어대학교 지식출판콘텐츠원 02450 서울특별시 동대문구 이문로 107 전화 02)2173-2493~7 FAX 02)2173-3363 홈페이지 http://press.hufs.ac.kr 전자우편 press@hufs.ac.kr 출판등록 제6-6호(1969. 4. 30)
인쇄·제본	㈜케이프린텍 053)313-3673

ISBN 979-11-5901-793-3 (13730)　　정가: 21,000원

※ 잘못된 책은 교환하여 드립니다.

HUINE 은 한국외국어대학교출판부의 어학도서, 사회과학도서, 지역학 도서 Sub Brand이다. 한국외대의 영문명인 HUFS, 현명한 국제전문가 양성(International+Intelligent)의 의미를 담고 있으며, 휴인(携引)의 뜻인 '이끌다, 끌고 나가다'라는 의미처럼 출판계를 이끄는 리더로서, 혁신의 이미지를 담고 있다.